Geh den Weg des Schamanen

Wolf Ondruschka

Geh den Weg des Schamanen

Das Medizinrad in der Praxis

Wolf Ondruschka
Geh den Weg des Schamanen

2. Auflage 2008

© 2002 Neue Erde GmbH
Alle Rechte vorbehalten.

Titelseite:
Illustration: Peter Kretzmann
Gestaltung: Dragon Design, GB

Satz und Typographie:
Dragon Design, GB
Gesetzt aus der Berkeley

Gesamtherstellung:
L.E.G.O. S.p.A., Lavis (TN)

Printed in Italy

ISBN 978-3-89060-044-4

NEUE ERDE GmbH
Cecilienstr. 29 · D-66111 Saarbrücken · Deutschland · Planet Erde
info@neue-erde.de · www.neue-erde.de

Vorworte

»Die Welt ist, wie gesagt, von großem Reiz.
Man paßt nur gar nicht auf.«
Erich Kästner

»Der Geist lebt in dir, er lebt in deinem Körper ...
Du kannst den Großen Geist berühren, indem du deine eigene
Lebendigkeit berührst.«
Brooke Medicine Eagle

Mit Dank an viele, besonders an
Volker Karrer/Manulani, Volker Schwägerl und Edwin Kean

Inhalt

Teil 1: Die Einladung

Danksagung:
Dankbarkeit ist Erfolg

Ich danke dem Trommelschlag meines Herzens
Ich danke dem Tempel meiner Seele
Ich danke dem Flug meines Geistes
Ich danke dem Wissen meines Körpers

Ich danke dem, was mich leitet

Ich danke der Sternenwelt, Vater Sonne, Großmutter Mond
Ich danke der zärtlichen Mutter Erde
Ich danke dem Feuer in uns, dem Wasser und unseren Tränen,
der Luft unseres Atems
Ich danke der Weisheit des Ostens, der Liebe des Südens,
dem Traum des Westens, der Tatkraft des Nordens
Ich danke den Bergen, diesen freundlichen Wächtern,
den Steinen am Weg und den heiteren Kieseln am Fluß
Ich danke den Bäumen – sie sind wie wir,
dem sanften Gras
Ich danke den Tieren, die laufen, kriechen, schwimmen, fliegen
Ich danke allen Menschen, die mir begegnen

Ich danke für unsere Wege, alle sind einzigartig
Wir alle sind frei, und dafür bin ich dankbar

Ich danke der Liebe, die uns ständig verbindet,
auch wenn wir das nicht immer sehen

Ich danke für alle Geschenke,
für freudige und schwere Erfahrungen
Ich danke allen, die mir geholfen haben zu wachsen
Ich danke allen, denen ich etwas geben konnte

Ich danke für meine Wohnung, warme Kleidung, Geld
Ich danke den Pflanzen und Tieren,
deren Leben wir nehmen, um selbst weiterzuleben
Ich danke diesem sonnigen Tag und dem Regen gestern
Ich danke dem harten Winter, dem milden Frühling,
der Hitze des Sommers, der Ruhe des Herbstes
Ich danke dem Frieden und der Unruhe, Harmonie und Chaos,
Gegensatz und Gleichgewicht, Schmerz und Freude
Ich danke Kindern, Erwachsenen und Alten

Ich danke, daß Heilung jetzt geschieht
Ich danke für mein Leben und für alles Leben,
für die Verbundenheit allen Lebens
Ich danke dafür, daß Leben und Sterben eins ist

Ich danke, daß das Leben ist

Ist dieses Buch für dich?

Dies ist eine Einladung in eine unbekannte, vertraute Welt, in die Welt der schamanischen Wirklichkeit. Sie ist überall, denn sie ist in uns. Und es ist eine Aufforderung, die »normale« Sicht der Dinge zu verändern, Alltag in traumhafte Wirklichkeit zu verwandeln, durch realistisches Träumen, durch Magie.

Aber Magie bedeutet auch Arbeit, und dabei will ich helfen. Ich gebe dazu weiter, was ich weiß, Erfahrungen, die mein Leben bereichert und geheilt haben, wobei ich mein Verständnis mit den traditionellen Lehren verbinde. Es handelt sich um Praktiken, mit denen wir das Magische berühren können und für die keinerlei zusätzliche Hilfsmittel oder Vorkenntnisse notwendig sind, nur Neugier und ein offener Geist. Wie weit, wie tief ein jeder gehen mag, bleibt ihm überlassen. Alles, was hier beschrieben wird, kann der Leser ohne größeren Aufwand beinahe überall tun. Die Medizinwanderung, die Visionssuche z. B. kann man auf einen Tag anlegen; mit dem entsprechenden Bewußtsein läßt sie sich aber auch in einer Stunde und sogar in der Mittagspause durchführen.

Alltag ist das Wichtigste im Leben, und schamanisches Bewußtsein ist in jedem von uns. Wieviel findest du in dir? Wir können den Kontakt zur unsichtbaren Wirklichkeit herstellen, wir können die Brücken bauen zwischen der geistigen Welt der Ursachen und der materiellen Welt der Auswirkungen. Wir können Zauber erleben, ohne Zauberlehrlinge zu werden, denn die Anwendung der Praktiken schenkt zugleich Kraft und Bescheidenheit, Mut und Demut.

Die Elemente dieses Buches gehen auf die indianische Sichtweise der Welt ebenso zurück wie auf die Lebens- und Lernprinzipien der spirituellen Gemeinschaft Findhorn. Sun Bear und Eileen Caddy zählen zu meinen wichtigsten Lehrern, und auch sie sprechen aus diesem Buch, auf verschiedene Weise, aber im gleichen Geist.

Besonders die spirituellen Wege der Indianer finden bei uns auch deshalb soviel Anklang, weil wir die Wurzeln unserer eigenen Spiritualität vergessen, verloren, verdreht haben und sie dort wiedererkennen. Vielleicht geht es manchem Leser wie damals mir – alles war neu und doch gleichzeitig irgendwie vertraut.

Ich war zwar achtzehn Jahre im Schuldienst, möchte aber hier niemandem etwas »beibringen«. Ich möchte er-innern, erinnern an das, was wir auf irgendeiner Ebene schon wissen, an den »großen Reiz« und daran, »aufzupassen«. Denn ebensowenig, wie sich Liebe »machen« läßt, läßt sich Magie machen, aber ich schlage vor, etwas zu tun, um wacher dafür zu werden.

Dieses Buch wendet sich vor allem an zwei Gruppen:
– *an neugierige Einsteiger,*
– *an alle, die bereits Schritte auf dem schamanischen Pfad getan haben* und nach Mitteln suchen, das Erfahrene in ihren Alltag zu integrieren.

Magie ist nichts Übernatürliches, schon gar nicht (fauler) Zauber, sondern das Natürlichste der Welt. Magie fällt ständig auf uns herab wie warmer Regen; nur laufen wir meistens mit aufgespanntem Schirm herum. Ich möchte alle ermutigen, sich weniger abzuschirmen und dadurch ein Stück Himmel auf die Erde zu bringen.

Wir leben in einer Zeit intensiver Veränderungen und Übergänge, sind konfrontiert mit vielen Herausforderungen aber auch großen Chancen. In dieser Zeit kommen die uralten Praktiken der Schamanen wieder ans Licht, weil sie gebraucht werden.

Wichtiger als dieses Buch ist, anzufangen.

Wie kannst du dieses Buch nutzen?

Dieses Buch soll den Leser in die Lage versetzen, das, wovon hier die Rede ist, zu tun. Erfolg heißt es, sei zu 1% Inspiration und zu 99% Transpiration. Inspiration hoffe ich geben zu können, um den Schritt vom Lesenden zum Praktizierenden zu unterstützen. Nach einzelnen Übungen finden sich daher Bearbeitungsfragen, um Erfahrungen und Eindrücke zu integrieren.

Die beschriebenen Praktiken werden meditativ und zeremoniell umrahmt. Der Leser hält damit einen Schlüssel in der Hand, um die Tür zur anderen Wirklichkeit zu öffnen.

So ist dieses Buch weniger ein Ratgeber, sondern eher eine Art Orientierungskarte. Gehen muß jeder selber, denn ich kann der/dem Leser/in eigene Erfahrungen nicht ersetzen und will sie auch niemandem nehmen.

Ausdrücklich möchte ich dich dazu ermutigen, es dir einfach zu machen – jedoch nicht leicht. Was hier beschrieben ist, ist nicht in Stein gemeißelt. Sieh, ob es für dich stimmig ist, und fühle dich wohl dabei. Wichtiger, als was wir tun, ist, wie wir es tun. Beliebigkeit ist damit allerdings nicht gemeint, denn Absicht und Authentizität sind das, was zählt.

Vielleicht liest du das Buch zunächst einmal nur durch, ohne etwas auszuführen, bis du irgendwo Resonanz spürst. Dort kannst du anfangen. Umgekehrt sollte alles, was dir nicht nachvollziehbar erscheint, zunächst einmal weggelassen werden.

Schamanische Arbeit ist nicht nur für den eigenen Nutzen. Wer sie in seinen Alltag bringt, kann mehr Gleichgewicht in sich und seiner Umgebung herstellen, Unterstützung und Liebe geben.

Was nun folgt, ist eine zusammenfassende Schilderung (m)eines Weges zum Schamanismus, mit der ich auch den Hintergrund dieses Buches illustrieren will.

Zur Einstimmung:
Meilensteine eines Weges zum Schamanismus

Oder sollte ich lieber »Kieselsteine« sagen? Denn rückblickend kommt es mir manchmal so vor, als ob jemand wie im Märchen kleine Kiesel für mich ausgelegt hätte, um mich Schritt für Schritt weiterzuführen.

Um etwaige Erwartungen zu enttäuschen, gestehe ich allerdings lieber gleich, daß es mir nie vergönnt war, irgendwo in tiefster Wildnis einem jener uralten Schamanen zu begegnen, der mir und nur mir jahrtausendealte, bisher streng gehütete Geheimnisse zuraunte. Dennoch kommt mir mein Weg wie eine Art Initiation vor, ohne daß ich ihn auch nur im entferntesten mit den strengen Riten der schamanischen Kulturen vergleichen möchte.

Die Einladung

»Ich glaube, du solltest dich mit altem Wissen beschäftigen, Wolf«, sagte Barbara, die Leiterin der Therapiegruppe zu mir. Wir hatten gerade unsere zweite, als schamanische Reise gestaltete Meditation beendet, und mir war darin eine Echse begegnet. Ich konnte wenig mit diesem Wesen anfangen, und, um ehrlich zu sein, ich mochte es nicht. Ganz anders war es mir mit dem wunderschönen weißen, langmähnigen Pferd gegangen, das ich während der ersten Reise getroffen hatte. Also – was für »altes Wissen«?

Hier war ich, hatte gerade meine ersten Schritte in die Therapie gewagt, und nun so etwas! Im übrigen galt mein Engagement linker Politik, und Vergangenes interessierte mich höchstens unter dem Aspekt historisch-gesellschaftspolitischer Entwicklungen. Abgesehen davon fand ich diese sogenannten »Krafttiere« zwar interessant, war aber überzeugt, daß es sich dabei lediglich um archaische Projektionen meines ganz persönlichen Unterbewußten handelte.

Ein paar Tage später unternahm ich mit Freunden eine Wanderung, die wir bereits vor Sonnenaufgang begannen. Wir durchquerten gerade einen Wald auf einem alten ehemaligen Handelsweg, als ich das Pferd sah: Da stand es im bläulichen Dämmerlicht des Morgens, weiß und mit langer Mähne unter einem starken Ast, der sich wie ein Torbogen wölbte – genauso, wie ich es in der Reise gesehen hatte. In meiner damaligen Dummheit fiel mir nichts Besseres ein, als das magische Bild zu fotografieren. Das heißt, ich wollte, denn ich schaute durch den Sucher und sah – nichts. Das Pferd war verschwunden, ich hatte nicht einmal Hufschlag gehört. Aber es war keine Einbildung gewesen, meine Freunde hatten es ebenfalls gesehen.

Zeit der Vorbereitung

Was immer das alles sein mochte, es ließ mich nie wieder ganz los. So besuchte ich ein Jahr später einen schamanischen Trainingsworkshop bei Michael Harner. Dabei unternahm ein Partner eine Reise, um mir ein Krafttier zu bringen. Als er es mir durch Brust und Fontanelle einblies (dieses Verfahren beschreibt M. Harner ausführlich in seinem Buch »Der Weg des Schamanen«), sah ich deutlich den Körper einer großen Schlange in mir. Mein Partner bestätigte, daß er in der Tat eine Schlange für mich mitgebracht hatte. Ich sollte ihr später noch begegnen.

Wie auch immer, ich hatte das Gefühl, die Zeit sei noch nicht reif, tiefer in diese Dinge zu gehen. Die nächsten Jahre waren daher bestimmt von Arbeit an mir selbst und Meditationspraxis. Beides erweist sich heute als sehr nützlich für meine schamanische Arbeit.

Der Weg bekommt ein Herz

Mein Interesse für indianische Spiritualität erwachte, und ich las darüber. Aber zunächst ging es in eine scheinbar andere Richtung. Als mir Sun Bears »Pfad der Kraft« in die Hand fiel, fand ich darin eine kurze und eher nichtssagende Bemerkung über eine spirituelle Gemeinschaft in Findhorn, Schottland. Ich hatte zwar noch nie davon gehört, aber der Name ging mir nicht mehr aus dem Kopf. Warum nur? Erst, als ich später zunächst regelmäßiger Besucher wurde und schließlich auch für einige Jahre dort lebte, wurde mir bewußt, daß der Zauber von Findhorn auf vielfache Weise wirkt.

Schon mein erster Aufenthalt machte mir deutlich, was meinem Leben wirklich fehlte: Liebe. Diese Erkenntnis bescherte mir zunächst eine tiefe und lang anhaltende Depression, und, nachdem diese durchlaufen war, ein nie gekanntes Gefühl von Freiheit und Lebensfreude.

Spiritualität zum Anfassen

Die Welle dieser Energie trug mich für ein halbes Jahr zu Sun Bears »Bear Tribe« (Bärenstamm), einer Gemeinschaft, die auf dem Vision Mountain im US-Staat Washington lebte. Ich verbrachte dort die erfüllteste Zeit meines Lebens und komme im Verlauf des Buches darauf zurück.

Ich fühlte, wie meine tiefe Lebensangst sich in der intimen Berührung mit der Erde, mit Bäumen, Gras und Felsen in nichts auflöste. Zum ersten Mal konnte ich den sorgsam gehüteten Schutzpanzer ohne Anstrengung fallenlassen. Die wilde Natur des Vision Mountain gab ohne Ende, innere und äußere Natur verschmolzen, Trennung erwies sich als Illusion. Es war hier, wo ich an Körper, Geist, Herz und Seele die Verbundenheit allen Lebens erfahren durfte.

Widerstand und Hingabe

Zurück zu Hause (wo war das jetzt?) war ich für das normale Leben eines Schullehrers endgültig verloren. Ich hatte zuviel Blut geleckt, zuviel Leben gespürt. Außerdem sah ich mich nicht mehr in der Lage, Jugendliche für die Erfordernisse einer materialistischen Gesellschaft fitzumachen, in der Träume und persönliche Wahrheiten immer weniger Platz haben.

Noch zwei Jahre kämpfte ich mit der Angst, die »Sicherheit« des Beamtendaseins zu verlieren, dann brachen die Dämme. Ich kündigte und ging nach Findhorn, um zu sein, was ich war. Die gelebte Alltagsspiritualität Findhorns kommt im Leitsatz »Arbeit ist Liebe in Aktion« des Mitbegründers Peter Caddy zum Ausdruck. Ich entdeckte, welche Freude es machen konnte, meine Fähigkeiten in den Dienst für die Gemeinschaft zu stellen.

Es war Zeit, den schamanischen Weg aktiv zu betreten. Aber das merkte ich nicht, auch als mich plötzlich Leute zu fragen begannen, ob ich schamanische Reisen anleitete. Ich wies dies entsetzt zurück: Ich? Niemals! Das war viel zu groß für mich. Nun, das Leben, das große Geheimnis klopft in der Regel zuerst mal freundlich an. Bleibt man nachhaltig stur, tritt es mitunter die Tür ein. Es war in einer Schwitzhütte, als ich so etwas wie ein Gelübde ablegte, den Weg eines »Kriegers des Herzens« zu gehen. Wo war das hergekommen?

Jedenfalls wurde ich beim Wort genommen. Am Tag danach hatte ich plötzlich nur noch einen Wunsch – zu sterben. Mir wurde klar: Etwas in mir wollte sterben. Ich unterstützte diesen mehrmonatigen Prozeß so gut ich konnte; danach schien etwas geöffnet, der Weg frei. Allerletzte Zweifel beseitigte Leo Rutherford, einer der Pioniere des Schamanismus in Großbritannien. Ich traf ihn, kurz bevor ich Findhorn verließ. »Ich habe keine Ausbildung für schamanische Arbeit, nur eigene Erfahrungen, kein Zertifikat, das mich qualifiziert und bin überdies ein Mensch voller Fehler. Darf ich es denn tun?« Er lächelte mich an: »Komm schon, du weißt genauso wie ich, wer wirklich die ›Zertifikate‹ verteilt. Du spürst die Erlaubnis. Also, worauf wartest du noch?«

Ich lebe jetzt wieder in Deutschland in der Nähe Münchens. Ich leite Workshops, gebe schamanische Beratungen und schreibe ein Buch. Der bloße Gedanke an all dies hätte mich noch vor kurzem zutiefst verängstigt. Wo ist die Angst jetzt? Wo sind all die »Hindernisse« geblieben? Ich habe die großzügige Unterstützung der geistigen Welt erfahren, den physischen Beweis, daß alles eine Seele hat und diese Seele eins ist und schließlich, daß schamanische Arbeit nur aufgefaßt werden kann als Dienst in Liebe. Ich habe das Privileg, Menschen die Tür zur unsichtbaren Wirklichkeit zu öffnen, und ich darf die stille, tiefe Freude und Liebe in ihren Augen sehen, wenn sie von dort zurückkehren. Es gibt sehr viel Grund zur Dankbarkeit, und ich freue mich auf die vor mir liegenden Aufgaben.

Für alle meine Verwandten

Teil 2: Die Substanz

Einstieg in die Magie:
Spüre deine Kraft

Alles, was ist, ist lebendig

Während ich mit der Arbeit an diesem Kapitel beginne, beobachte ich von meinem Fenster einen Sperber auf dem Dach gegenüber. Er schaut in die untergehende Wintersonne, und ich kann sehen, wie er seine Position, der Einfallsrichtung der Strahlen folgend, verändert. Warum macht er das? Ist der Bursche etwa Romantiker? Jedenfalls beschert er mir die passende Einstimmung für das nun Folgende. Danke, kleiner Bruder!

Genug der Vor-Worte, es ist Zeit anzufangen. Bist du bereit?

Welche Tageszeit ist jetzt gerade? Vielleicht Abend? Dann leg doch das Buch beiseite, geh hinaus und wirf einen guten, langen Blick auf den Sternenhimmel oder den Mond oder auf die nächtlichen Wolken.

Wie war das? Fühlst du dich anders als vorher? Lebendiger? Gut, denn Lebendigkeit macht wach, und das ist dein Brückenkopf zur Magie. Was nun folgt, ist eine Liste mit weiteren Vorschlägen. Lies sie dir langsam selbst vor. Da, wo du Resonanz spürst, halte an und tue es, sofort oder bei nächster Gelegenheit.

Resonanz drückt sich aus, wenn du ein klares »Ja!« aus dem Herzen hast. Alles andere, »Ja, vielleicht ...« oder »Hm, ja schon ...« ist in Wirklichkeit »Nein!« Klar? Es geht um dich, du mußt niemandem irgend etwas beweisen.

Manche der Vorschläge werden dir vielleicht banal vorkommen. Aber wie oft gehen wir an den Binsenweisheiten des Lebens vorbei, sagen uns: »Ich sollte eigentlich …« und verpassen dabei das Leben. Oder wie oft sehen wir den roten Sonnenuntergang, sagen nur flüchtig: »Schön …« und gehen weiter. Halte an. Halte inne. Fühlt es sich gut an? Laß es ganz in dich herein. Genieße es. Bedanke dich.

Im Leben eines Indianers gehörte es dazu, im Anblick des Schönen Dank abzustatten, indem er z.B. eine Prise Tabak als Opfer niederlegte.

Umsonst und draußen

Geh zu einem Fluß oder Bach und
höre dem Rauschen des Wassers zu.
Höre dem Wind zu, dem Regen, dem Rascheln der Blätter.
Liebst du hügelige Landschaften? Wecken sie Harmonie in dir?
Oder die Berge? Suchst du Freiheit, Wildheit?
Oder die Ebene, den weiten Blick?

Finde (d)einen Baum und verbringe dort Zeit. Umarme ihn.
Atme in die Rinde und gib damit von deiner Seele.
Sprich mit ihm, mit anderen Bäumen, mit einer Blume, einem Stein,
einem Gegenstand, den du liebst.
Laut oder leise – sie hören dich.
Singe ihnen etwas vor. Spürst du, wie gut euch das tut?

Sprich mit deinem Geld.
Begrüße es und verabschiede dich von einem Schein mit der Bitte,
dir viele seiner Verwandten zu schicken.

Lausche auch auf Antworten, wenn du all dies tust.
Du wirst irgend etwas vernehmen.
Du hast Hemmungen, Angst vor Lächerlichkeit?
Fühle deine Ängste und tue es trotzdem. Was kann schon passieren?

Geh wieder zum Fluß.
Betrachte ihn, der ständig der gleiche Fluß ist und
jeden Moment neu.
Begreifst du das?

Streichle deinen Hund. Genieße es wie er.
Magst du Kinder? Verbringe Zeit mit ihnen.
Iß, wenn du hungrig bist. Schlafe, wenn du müde bist.
Sprich über deine Träume.
Wenn du niemanden hast, der dir zuhört, zünde eine Kerze an
und erzähle sie der Flamme. Oder deinem Teddy.
Brauchst du Ruhe? Nimm sie dir.
Verbringe Zeit in Stille, eine Stunde oder einen Tag,
zu Hause oder in der Natur.
Laß dich an einem warmen Sommertag
vom Regen bis auf die Haut durchnässen
und anschließend von der Sonne trocknen.
Fühlst du dich träge? Dann ist keine Liebe da.
Wenn du Liebe hast, hast du Schwung.
Tue, was du liebst. Tue, was du tust, mit Liebe. Lerne zu lieben,
was du tust.
Wenn du das nicht kannst, tu's lieber nicht.

Suche dir einen Platz, am besten in der Natur,
an dem du dich wirklich gut fühlst.
Die Indianer nennen so etwas einen Kraftplatz.
Verbringe immer wieder Zeit dort.

Singe.
Ein Lied, das du kennst oder dein eigenes Lied.
Hast du schon einmal probiert, deinen Namen zu singen?
Gib deiner Stimmung Ausdruck mit deiner Stimme,
z. B. deinem Schmerz mit Summen. Es ist heilsam.
Trommle.
Wenn du keine Trommel hast, tut's auch ein Karton.
Trommle deinen Herzschlag.
Tanze.
Bewege dich in deinem Rhythmus.
Alexis Sorbas sagt:
»Wenn du deinem Herzen Luft machen willst, dann tanze.«
Oder benutze Gabrielle Roths »Fünf Rhythmen«
(G. Roth: »Initiation« / MC oder CD)

Fühlst du dich schwach?
Mache eine Liste deiner Qualitäten und Stärken.
Du denkst, da ist nicht viel? Du wirst überrascht sein.

Verändere, verlängere diese Vorschlagsliste nach deinem Empfinden.

Versuche, aus diesen Dingen ein kleines Ritual zu machen. Lege deine Hände auf die Erde, widme ihr deine Lebensenergie und bedanke dich für alles, was dir geschenkt wurde und wird.

Die Kelten sahen göttliche Energie in allem: im stürmischen Wind, im Flüstern des Grases, im Plätschern eines Baches, im Lauf der Sonne, im Lauf des Lebens. Wir haben all das ziemlich verlernt. Ist das der Grund, warum sich heute viele Menschen so leer fühlen?

Schamanismus gestern und heute

Schamanismus ist der älteste uns bekannte spirituelle Weg der Heilung, der Erhaltung von Gleichgewicht und Harmonie im einzelnen und in der Gesellschaft. Der Schamane weiß, daß alle Dinge lebendig, daß alles Lebendige verbunden ist. Schamanisch arbeiten heißt, Brücken zu bauen zwischen Geist (Ursache) und Materie (Wirkung).

So waren Schamanen stets Vermittler zwischen der sichtbaren und der unsichtbaren Welt. Ihre Zuständigkeiten betrafen in der Regel die Sorge für das Überleben des Stammes und das Gleichgewicht innerhalb der Gemeinschaft. Heute ist es der Gesamtorganismus der Erde, der aus dem Gleichgewicht und dessen Überleben bedroht ist.

Schamanismus ist kein Glaubenssystem. Der Schamane weiß, weil er durch Erfahrung arbeitet. Der schamanische Weg ist ein *Weg des Herzens*, der uns zurück zum Wesenskern unserer Seele führt; er ist damit auch ein *Weg der Heilung*. Er ist ein Weg der Wahrheit, der uns hilft, unsere Wahrheit zu finden und damit andere Wahrheiten zu respektieren.

All dem liegt die Anschauung zugrunde, daß alles mit allem verbunden ist. Der Große Geist lebt in jeder kleinen Zelle. Die Natur ist nicht von Gott gemacht, sie ist Gott. In der schamanischen Arbeit können wir diese Verbindung erfahren und erkennen, daß es mehrere Wirklichkeiten gibt, bzw. die Wirklichkeit auf mehreren Ebenen gleichzeitig geschieht.

Das uralte Wissen der Schamanen ist nie gestorben. Es ist lebendig bis in die heutige Zeit. Wir finden es in der Kräuterkunde, in der Rückbesinnung auf natürliche Heilweisen, im wachsenden ökologischen Bewußtsein, in der Beschäftigung mit Feng Shui oder den Mondphasen, in der Geomantie bis hin zu verdrehten Formen wie Aberglaube oder auch Rave als Tranceersatz. Oder wie Holgar Kalweit es ausdrückt: »Wir leben in einer schamanischen Welt, ohne es zu merken.« Im *Löwenzahn* sehe ich ein Symbol für den schamanischen Geist: *Unausrottbar und so stark, daß er durch den Asphalt bricht, überall zu Hause und selbstverständlich bis zur Unauffälligkeit, von schlichter Schönheit, gesund und heilsam.*

Zeitgenössischer Schamanismus ist die praktische Anwendung dieser zeitlosen Wege in der Gegenwart, um Einsicht in die persönliche Lebensaufgabe und Hinweise für praktisches Handeln zu erlangen. Über unser persönliches Schicksal hinaus sind wir täglich mit den Folgen der Verschmutzung und Vergiftung unserer Mitwelt konfrontiert. Die Erde ist aus dem Gleichgewicht. Die Lehren der alten schamanischen Kulturen, die über Jahrtausende in Harmonie mit der Erde lebten, kommen jetzt wieder ans Licht, weil sie gebraucht werden.

Wenn wir lernen, schamanische Praktiken in unserem Alltag anzuwenden, leisten wir einen Beitrag zur Stärkung von Harmonie und Gleichgewicht auf der Erde. Eine neue Art spirituell Praktizierender ist gefragt, die mit den Elementen der alten schamanischen Praktiken auf die Herausforderungen der heutigen Welt antworten können.

»Saman« (aus dem Sibirischen) ist die Person, Frau oder Mann, die sieht und weiß. Schamanen arbeiten mit den unsichtbaren Energien, die die sichtbaren Dinge bewegen. Das folgende Kapitel geht darauf näher ein.

Zuvor möchte ich den Leser bitten, sich vor dem Hintergrund des soeben Gelesenen in dieses Symbol zu versenken:

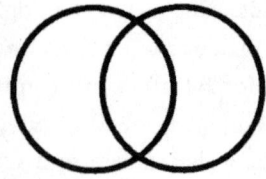

Zur Bearbeitung:
Gibt es in diesem Text etwas, was dich innerlich angesprochen hat?
Notiere dir Stichworte:

Zur Vertiefung weise ich auf die Literaturliste im Anhang hin.

Innere Arbeit – Äußeres Handeln:
Träume die Dinge an ihren Platz

Werde still und lausche auf die leise kleine Stimme in dir.
Eileen Caddy

Nur wenn du dich selbst still werden läßt und nach innen schaust,
wirst du deine Vision und deinen Pfad der Kraft finden.
Sun Bear

Sun Bear und Eileen fordern uns auf, nach innen zu lauschen. Ich möchte dich, den Leser jetzt für eine kleine Übung genau dazu einladen. Schau dir bitte diese vier Figuren einige Augenblicke gut an:

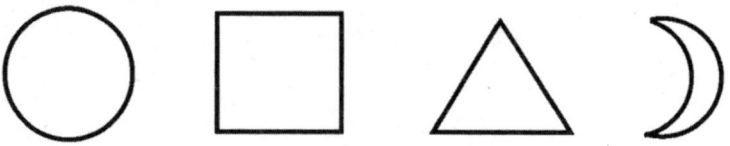

Stelle dir jetzt die Figuren mit geschlossenen Augen deutlich vor. Ist die gegebene Reihenfolge für dich so stimmig? Wenn nicht, verändere sie in deinem Sinne und zeichne deine Version anschließend hier auf:

1   2.   3.   4.

Die Figuren symbolisieren die vier Elemente, und du hast soeben deine Beziehung zu ihnen dargestellt. Der Kreis steht für das Element Luft, das Dreieck für Feuer, das Quadrat für Erde und der Sichelmond für Wasser. Vielleicht wäre es eine gute Idee, gelegentlich ein wenig darüber zu reflektieren. Wenn du z. B. Feuer an die erste Stelle setzt, was sagt dir das? Lebst du deine Feurigkeit? Fehlt dir Feuer? Hast du Angst, dich zu verbrennen? Du kannst die Übung ab und zu wiederholen, denn deine Prioritäten werden sich verändern, so wie du dich veränderst.

Was bedeutet innere Arbeit?

Eigentlicher Sinn dieser Übung war, zu zeigen, wie wir die Inhalte, die Elemente unseres Lebens ebenso in eine für uns stimmige Ordnung bringen können. Dazu bearbeiten wir Fragen und Herausforderungen in unserem Inneren. Dies geschieht nur zum Teil auf der mentalen, sondern eher auf der tieferen Ebene der Seele. Mentales Training, Autosuggestion oder Affirmation kommen dem nahe, innere Arbeit geht jedoch tiefer und weiter als jede äußere Programmierung. Wenn wir uns auf unsere innerste Wahrheit einstimmen, schließen wir uns an unser volles Potential an, das wir im Alltag gewöhnlich nur zu einem geringen Teil leben. Wenn wir die Welt durch das Auge unserer Seele betrachten, finden die Dinge ihren Platz, sehen wir die Antworten für unsere Fragen und erleben nicht selten erstaunliche Wendungen im Alltag ohne äußeres Zutun.

Die alten Praktiken der Schamanen kennen diesen Weg ebenso wie neuere meditative Ansätze. In späteren Kapiteln werden wir damit noch tiefer gehen.

Ich möchte das eben Gesagte mit einem eigenen Erlebnis illustrieren, weil es einen Bezug zur Arbeitswirklichkeit des Alltags enthält.

In meinem letzten halben Jahr in Findhorn war ich alleinverantwortlich für den Arbeitsbereich »Ökologie« zuständig. Das Aufgabenfeld war breit gefächert, und ich hätte mich ohne weiteres mit allerlei Geschäftigkeit ständig auf Trab halten können. Aber ich wollte ausprobieren, was ich gelernt hatte. Also ließ ich den Computer morgens zunächst ausgeschaltet, schloß die Augen und legte mir die Aufgaben des Tages innerlich vor. Das, was Resonanz auslöste, packte ich an. Nicht selten meldeten sich auf diese Weise Arbeiten, die mir am aufwendigsten erschienen, aber stets lief alles flüssig, leicht und erfolgreich. Es konnte geschehen, daß mir jemand – kaum hatte ich den Entschluß für ein Projekt gefaßt – im Vorbeigehen eine Information gab, die genau das enthielt, was ich brauchte. Aus einem vermeintlich mehrtägigen Projekt wurde ein zehnminütiges Telefonat mit der richtigen Stelle, und die Sache war gelaufen.

Innerhalb der bienenfleißigen Findhorn-Gemeinschaft war ich sicherlich einer, der wenig arbeitete – jedenfalls im üblichen Sinne – , und manchmal hatte ich deswegen fast Gewissensbisse. Aber gleichzeitig erlangte ich einen Ruf als jemand, der ausgesprochen viel und fleißig arbeitete. Ich brauche nicht zu betonen, daß ich diesen Umstand sehr genoß.

Weil ich mich meiner inneren Stimme überließ, wurde ich zur richtigen Zeit zu den richtigen Plätzen und den richtigen Leuten geführt. Und noch ein weiteres Element wird aus dieser Erfahrung sichtbar: Wenn wir unser innersten Wahrheit folgen, ergänzen sich in der Regel eigene Bedürfnisse und die der anderen konfliktfrei.

Ich weiß allerdings sehr wohl aus eigener Erfahrung, daß ein besonderer Ort wie Findhorn solche Zu-Fälle leichter ermöglicht als der alltägliche Wahnsinn, den wir Normalität zu nennen uns angewöhnt haben. Während wir dort quasi auf harmonischen Energiewellen surfen, gilt es hier, zahlreiche Untiefen, Strömungen und Brecher zu beachten, und mitunter lauern Haie; also mehr Herausforderung, mehr (innere) Arbeit.

Um die innere Arbeit in den täglichen Alltag einzubauen, empfiehlt sich folgende Übung, für die man sich morgens zwischen 5 und 15 Minuten Zeit nehmen sollte:

Lege deinem inneren Auge alle Aktivitäten, Projekte, Pläne des Tages vor, bei denen du flexibel sein kannst, also z. B. Arbeitsschwerpunkte und -zeit. Erledigungen, Besuche usw. ... Du kannst sie dir als unsortierte Liste vorstellen oder auch als Bausteine. Erregt etwas davon deine besondere Aufmerksamkeit? Entstehen Prioritäten? Fällt etwas weg? Erstelle daraus eine Liste, ähnlich wie du es bei der Übung am Beginn dieses Kapitels getan hast. Mache es dann genauso, wie du es vor dir siehst. Folge deinen Direktiven.

Wenn dich dein Verstand jetzt mit »Gegenargumenten« verwirrt, laß ihn reden und tue es trotzdem. Solltest du dich noch scheuen, diese Technik bei ernsten Dingen des Alltags anzuwenden, gestalte zunächst vielleicht ein Wochenende auf diese Weise. Überprüfe dich, wie es dir damit geht (Siehe auch *Bearbeitungsfragen*).

Noch ein Wort zum Unterschied von *Innerer Stimme* und *Stimmung*, denn er ist wesentlich. Wenn du eine Entscheidung aus einer gerade vorherrschenden Stimmung triffst, wirst du eine gewisse innere Erregtheit spüren. Dies ist dein Ego, aus dem Stimmungen gewöhnlich entspringen und das sich gewissermaßen »freut«, wenn du ihm nachgibst. Folgst du dagegen deiner inneren Wahrheit, so fühlt es sich eher an wie ein tiefes, ruhiges »Selbstverständlich«.

Um es klar zu sagen: Wenn wir innerlich arbeiten, bevor wir äußerlich handeln, gehen wir in der richtigen Reihenfolge vor, der von *Ursache und Wirkung*. Oder um es mit Leo Rutherfords Worten zu unterstreichen: Was kam zuerst – das Haus oder der Gedanke, der Traum? Natürlich wurde das Haus zuerst in der Vorstellung »gebaut«. Erst dann kamen Architekt, Gutachter, Maurer, um das zu erstellen, was wir gerne als die einzige Wirklichkeit betrachten, das materialgewordene Gebäude.

Die Welt sähe anders aus, wenn mehr Menschen ihrer inneren Stimme, ihrer Vision folgten. So, wie wir unsere persönliche Welt gestalten, so gestalten wir die ganze Welt mit, denn alles ist mit allem verbunden.

Im anschließenden Kapitel werden wir uns mit einer sehr kraftvollen Praktik dazu beschäftigen, mit der *Visionssuche*.

Zur Bearbeitung:
1. Notiere hier in zwangloser Reihenfolge,

was dir deine innere Stimme sagte:

was du wirklich getan hast:

Teil 3: Die Kernarbeit

Visionssuche: Wohin will dein Leben?

Catch your dreams before they slip away.
(Fange deine Träume, bevor sie dir entgleiten.)
(Jagger/Richard)

Wenn du dieses Kapitel gelesen und bearbeitet hast, wirst du in der Lage sein, eine Visionssuche durchzuführen. Die Form, die ich hier vorstelle, heißt »Medizinwanderung«, ein Begriff, den ich später genauer erläutern will. Nur so viel sei schon jetzt gesagt, daß es sich dabei nicht um Medizin im üblichen Sinne handelt.

Laß dich zu Beginn von einer kleinen Meditation einstimmen. Du kannst sie mit offenen oder geschlossenen Augen durchführen.

Nimm zunächst einen tiefen Atemzug und lasse beim Ausatmen soviel Anspannung wie möglich mit einem kleinen Seufzer gehen. – Nimm dich jetzt für ein paar Augenblicke selbst wahr – deine Füße auf dem Boden – deinen Hintern auf der Sitzfläche – deinen ganzen Körper – Gedanken, die gerade da sind – Gefühle. – Betrachte all das einfach, ohne zu beurteilen. – Deine innere Natur.

Von diesem inneren Ort aus nimm nun langsam Kontakt auf mit der Natur draußen – mit den Bäumen – mit dem Wind – mit dem Gras ... Und vielleicht spürst du für einen Augenblick, daß da eigentlich keine Trennung ist zwischen innerer und äußerer Natur.

Danke. Komm nun wieder zurück.

Ich möchte dich nun zu zwei Spaziergängen einladen, um die Richtung anzuzeigen, in die es geht. Es sind zwei Geschichten – die eine könnte wahr sein, die andere ist es.

Anders hören

Ein Indianer besucht seinen weißen Freund in der Großstadt. Er läßt sich herumführen und erlebt die hektische, laute City. Plötzlich aber, mitten im Höllenlärm des tosenden Verkehrs, bleibt er stehen, wendet sich um und geht zu einer mit etwas Efeu bewachsenen Hauswand. Er dreht eines der Blätter um, und siehe da, dort sitzt eine kleine Grille, leise zirpend. »Nun ja«, meint sein weißer Freund, noch etwas verblüfft, »man weiß ja allgemein, daß ihr Indianer ein schärferes Gehör habt als wir Weißen.« »Oh nein«, erwidert der Indianer, »so ist es keineswegs. Aber wir hören *anders*. Schau, ich zeig's dir.« Er nimmt ein paar kleine Münzen aus der Tasche und läßt sie auf den Gehweg fallen. Das leise Klimpern ist gegen den Lärm rundherum kaum zu vernehmen, und dennoch: Fast alle Leute im Umkreis von zehn Schritten bleiben stehen und fahren herum, um zu sehen, wo das Geräusch von Geld herkommt.

Stelle die Frage, und du siehst

Da stand ich nun in der flurbereinigten Landschaft Oberbayerns und bat die Natur um Hilfe für meine Entscheidung. Sollte ich wirklich den sicheren Lehrerberuf kündigen, um mit 42 Jahren noch einmal ganz neu anzufangen? Ich spürte den brennenden Wunsch und ebenso die riesige Angst. Der innere Ringkampf hatte bereits zwei Jahre gedauert, und nun war die Entscheidung fällig.

Ich schaute mich um, fand die Landschaft eintönig und entdeckte nirgends irgendein Zeichen. Eher unverwandt fiel mein Blick

auf ein Schild in etwa 100 Meter Entfernung, das ein Wasserschutz-
gebiet anzeigte. Zu meinem Erstaunen bemerkte ich, daß es mich
irgendwie dorthin zog. Zweifelnd schlenderte ich darauf zu und
spürte plötzlich, wie mein Herz weiter wurde. Was war da? Beim
Näherkommen erkannte ich, daß etwas auf dem Schild klebte, und
dann sah ich es, einen kleinen rechteckigen Zettel mit aufgedruck-
tem Text:

If you hate it
why don´t you leave it ?
(Wenn du es haßt, warum gehst du dann nicht?)

Ich weiß nicht, wie lange ich mit vermutlich nicht sehr intelligen-
tem Gesichtsausdruck dastand. Gewöhnlich zwickt man sich in sol-
chen Situationen. Aber dann brachen Lachen und Weinen gleichzeitig aus mir heraus. Die ganze Anspannung der vergangenen Zeit
entlud sich in einem orgiastischen Lachanfall, und mit mir lachten
die Bäume, der Himmel, die Vögel, die ganze Welt. (Ich bin heute
noch froh, daß mich niemand beobachtete.)

Natürlich habe ich mich manchmal gefragt, wie dieser Zettel
wohl da hingekommen sein mochte. Aber eigentlich ist es nicht
wichtig. Er war für mich da, war meine Antwort auf meine große
Frage.

Wir leben von der Kraft der Vision

Hast du gerade eine dich betreffende Frage auf dem Herzen? Stelle sie – vielleicht sogar laut – ins »Nichts« hinein. Lausche, ob etwas zurückkommt.

Wenn du irgend etwas als Antwort wahrgenommen hast, hast du im Grunde bereits begriffen, was eine Visionssuche ist.

Die Medizinwanderung

Die Medizinwanderung (Medicine Walk) ist eine Form der Visionssuche. »Medizin« bedeutet hier soviel wie »Lebenskraft«. Alles, was die Energie des Lebens unterstützt, ist gute Medizin. Wenn ich etwas tue, um der zu werden, der ich wirklich bin, unterstütze ich auch das gesamte Leben, denn alles hängt mit allem zusammen. Aber ohne Vision sind wir nicht vollkommen. Wir leben durch die Kraft unserer Visionen, unserer Träume.

Visionssuchen spielten und spielen eine bedeutende Rolle im Leben naturnaher Völker. Bekannt ist vor allem die Form, wie sie von vielen indianischen Stämmen Nordamerikas praktiziert wird und von Steven Foster und Meredith Little in hervorragender Weise weiterentwickelt wurde (siehe Literaturverzeichnis). Bekannt sind z. B. auch die Walkabouts der australischen Ureinwohner, und der bekannteste Visionssucher war Jesus, der vierzig Tage fastend und betend in der Wüste verbrachte.

Alleine in die Natur gehen, fasten, suchen, beten, Lebenssinn finden. Und fragen: *Wie kann ich meiner Gemeinschaft am besten dienen?*

Schnell gerät der Visionssuchende an Grenzen. Hungern, frieren, schwitzen, durchnäßt werden, all dies bringt uns Menschen sehr schnell in Berührung mit etlichen Emotionen. Wenn wir hindurch-gehen, können wir mit dem in Kontakt kommen, was uns wirklich von innen erhält – mit unserem wahren Selbst.

Nach der Rückkehr gilt es, die Erfahrungen zu verstehen und zu integrieren. Ein junger Indianer hatte hier meist »Führer«, ältere Männer, die ihn auch vorbereitet hatten. Sie halfen vor allem durch Fragen. Diese waren weniger analytisch-intellektuell, wie etwa: »Was denkst du, hat dieses oder jenes Ereignis zu bedeuten?« Inter-essant waren vielmehr *Gefühle:* »Was hast du gefühlt, als diese Krähe über dir kreiste ... als du auf diese spezielle Wolkenformation aufmerksam wurdest ...? Hattest du Körpergefühle? Wo in deinem Körper? ... Gab es sexuelle Gefühle?« Usw. ...

Es ist gut, der Weisheit unseres Körpers viel Aufmerksamkeit zu schenken, und wir werden später eingehender darauf zurückkommen.

Gehen für die Vision

Bei der Medizinwanderung oder Visionssuche richten wir unsere Aufmerksamkeit auf unser Anliegen, lassen Erwartungen los und achten darauf, was sich uns zeigen will.

Äußerlich unterscheidet sie sich vielleicht wenig von einem ganz normalen Spaziergang, entscheidend ist jedoch die innere Einstel-lung. Während wir gehen, bleiben wir eigentlich innerlich stehen. *Inne-werden,* oder wie Leo Rutherford es ausdrückt, »die Welt an-halten«.

Nutze dazu deine *Sinne.* Erfahren mit den Sinnen heißt, mit dem inneren Auge der Seele sehen. Bringe deine vollste Aufmerksamkeit zu den Dingen, fühle, rieche, höre, schmecke, dann entfalten sie ihren inneren Zauber. Wir kommen in Berührung, wenn wir berühren. Erinnerst du dich noch, daß Indianer »anders hören«?

Aber es ist eine anstrengungslose Aufmerksamkeit. Denke an 3D-Bilder: Was mußt du »tun«, um das Bild im Bild, die zunächst nicht sichtbare Wirklichkeit zu sehen? Genau! So wenig wie möglich. Offen für das Ergebnis, ohne etwas Bestimmtes zu wollen, erreichen wir am mühelosesten unser Ziel.

Suche nach Antwort, aber vergiß nicht, zu *finden*. Während meiner eingangs beschriebenen Medizinwanderung war ich zunächst nur auf Zeichen in der Natur fixiert, wie ich es gelernt hatte. Ich fand daher so lange nichts, bis ich mich auf andere Wahrnehmungen einließ, in diesem Fall ein Schild.

Deine Wahrnehmung der äußeren Landschaft spiegelt die innere Landschaft deiner Seele, so daß du dich wiedererkennst (wieder erkennst). So erschien mir die Landschaft seinerzeit eintönig, denn sie spiegelte die Eintönigkeit meiner damaligen Lebenssituation.

Schon einmal hatte ich Gelegenheit gehabt, diese Wahrheit zu erfahren. Meine erste große Visionssuche fand in der Umgebung des Vision Mountain statt. Für drei Tage und vier Nächte sollte ich alleine hinausgehen, und ich hatte furchtbare Angst vor der Wildnis dort draußen in den westlichen Ausläufern der Rocky Mountains. Diese Angst hielt solange an, bis ich erkannte, daß ich eigentlich Angst vor der »Wildnis in mir«, vor meiner eigenen ungelebten Wildheit hatte. Sofort verflog der Spuk, und ich fühlte mich die ganze Zeit über sicher und geborgen wie ein Baby.

Antworten auf Fragen während einer Medizinwanderung / Visionssuche können auf verschiedenste Weise kommen. Du kannst auf irgend etwas aufmerksam werden, das dir etwas »sagen« will: die Form eines Astes, ein Tier, das deinen Weg kreuzt, ein Gegenstand, den du findest. Es kann auch eine plötzliche Einsicht, also ein Gedanke sein – die Möglichkeiten sind breit gestreut. Vielleicht sehen wir überhaupt nichts »Neues«, aber wir können Bekanntes neu sehen. *Lade die Antwort ein.*

Woher weißt du, ob es sich um eine echte Antwort handelt oder um Einbildung? Nimm an, deine Frage wäre: »Wie kann ich mich am besten heilen (körperlich, seelisch, geistig)?« Nimm an, du gelangst zu einer Erkenntnis, die lautet: »Ich sollte mich mehr an der frischen Luft bewegen.« Vergiß es sofort wieder. »Sollte« u. ä. sind Kopfgeburten, du wirst wenig Freude damit haben und kaum echte Heilung erfahren.

Hast du jedoch eine Einsicht, bei deren bloßen Gedanken du Lebendigkeit spürst, dann nimm dieses Geschenk an. In deinem Körper fühlst du Wahrheit, Resonanz, das klare »Ja«. Im übrigen kannst du dich eigentlich darauf verlassen, daß du ehrlich empfindest, denn die Natur ist ehrlich.

»Sie befinden sich hier«

Die Medizinwanderung ist ein Besuch in einer anderen Wirklichkeit, und es ist gut, sie in einem klaren Rahmen durchzuführen. Im folgenden beschreibe ich die notwendigen Schritte.

Stimme dich zu Beginn auf dein Vorhaben ein. Du kannst dazu z. B. die Meditation am Anfang dieses Kapitels benutzen.

Bei einem Besuch überschreiten wir die Schwelle ins Haus des Gastgebers. Das gleiche tun wir, wenn wir unsere Vision (be-)suchen. Es kann daher hilfreich sein, eine *reale Schwelle* bewußt zu überschreiten. Dies ist ein ritueller Beginn, denn Ritual und Zeremonie sind die Wege, um die Lücke zwischen Form und Geist zu überbrücken. In der äußeren Form können wir hier kreativ sein, warum also nicht die Schwelle deiner Haustür? Es kommt nur darauf an, was du daraus machst.

Gibt es etwas Bestimmtes, wofür du gehst? Wenn ja, hast du bereits einen klaren Fokus. Es kommt jedoch vor, daß wir ein Anliegen spüren, ohne es noch in Worte fassen zu können. Dazu jetzt einige Anregungen.

Jeder kennt die Umgebungspläne, wie sie z.B. in U-Bahnhöfen hängen. Irgendwo klebt ein roter oder schwarzer Punkt, der uns anzeigt, wo wir uns gerade befinden. Wir müssen wissen, wo wir sind, sonst können wir uns nicht orientieren. Auch wenn wir auf der Autokarte nach dem Weg suchen, schauen wir ganz von selbst zunächst nach unserem Standort. Aber was wir in diesen Situationen automatisch richtig machen, vergessen wir allzu leicht im übrigen Leben. Ständig wollen wir irgendwo hin, wollen etwas erreichen und wissen gar nicht genau, wo wir sind. Kein Wunder, wenn wir uns verirren.

So lautet die erste Frage: *Wo stehe ich?* Du kannst sie auf eine dich betreffende Situation ausdehnen und fragen: Wo stehe ich in Bezug auf … (z.B. meine Partnerschaft)?

Als ich mit dieser Frage vor Jahren auf einer Medizinwanderung in einem Münchner Park unterwegs war, fiel mir das leergefressene Netz einer Meisenkugel auf, das an einem Baum hing. Ich spürte, daß dies die Antwort war, verstand sie aber noch nicht. Daher nahm ich das Netz mit, um später in Ruhe darüber nachzudenken. Dabei fiel mir das Gittermuster des Netzes auf und mir dämmerte: In meiner damaligen Situation befand ich mich tatsächlich in einer Art »Käfig«, in einem selbstgezimmerten und daher ziemlich ausbruchsicheren Gefängnis.

Ich will mit diesem Beispiel auch zeigen, daß es gut ist, während der Medizinwanderung nicht zu viel nachzudenken. Warum auch die Eile? Gib dem Verständnisprozeß Zeit, damit er sich besser entfalten kann.

Ich denke, die Ausrichtung ist klar, daher zähle ich die anderen Fragen nur noch auf. Wenn wir im Bild mit der Umgebungskarte bleiben, ergeben sie sich z.T. von selbst:

Wohin will ich?
Was ist der nächste Schritt dazu?
Was brauche ich dafür?

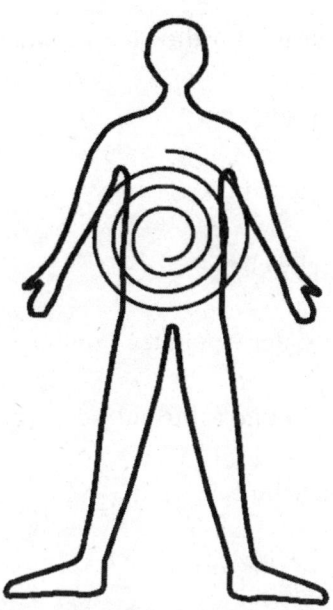

Der letzten Frage nachzugehen, kann sehr lohnend sein. Die meisten von uns verfügen über ein reichhaltiges Reservoir selbstbehindernder Maßnahmen, meist ohne sich dessen bewußt zu sein. Selbstverständlich mußt du nicht alle Fragen auf einmal klären.

Noch ein Wort zum Fasten. Es liegt bei dir, wie weit du hier gehen willst. Wenn du meditierst, weißt du, daß das mit vollem Magen schwieriger ist. Ein leicht hungriges Gefühl ist gut für dein Vorhaben.
Eine klassische Medizinwanderung geht von Sonnenaufgang bis Sonnenuntergang. Mit der richtigen inneren Einstellung kannst du sie aber auch in deiner Mittagspause in der Großstadt durchführen, denn was du siehst, bist du.

Und nun geh los, wohin es dich zieht, schweigend. Alles Gute für deine Reise!

Grundschritte für die Medizinwanderung:

1. Mach dir dein Anliegen klar.

2. Stimme dich innerlich ein.

3. Überschreite die Schwelle.

4. Gehe im Rhythmus, der von innen kommt.

5. Lade die Antwort ein und achte auf Körpergefühle.

6. Bedanke dich zum Schluß.

7. Kehre über die Schwelle zurück.

8. Berichte jemandem von deiner Visionswanderung oder mache dir Notizen.

Zur Bearbeitung:

Was war das Wichtigste, was passiert ist?

Dein Körper weiß

Unser Körper ist meist klüger als unser Kopf. Nutzen wir diese Tatsache! Brooke Medicine Eagle nennt einige Methoden, um sich der Weisheit des Körpers zu bedienen.

Nimm an, du stehst vor einer Entscheidung und zwei Alternativen bieten sich an. Gehe nun zu einer Weggabelung, bestimme z. B. den linken Weg für Alternative A, den rechten für B. Halte den Gedanken an A in dir und gehe nach links. Beobachte dabei, welche Gefühle sich wo im Körper zeigen. Wiederhole das ganze mit B nach rechts. Hast du jetzt deine Entscheidung?

Stell dir vor, du denkst an einen großen Schritt in deinem Leben, hast aber noch Befürchtungen. Such dir eine Brücke, am besten über einen Fluß oder Bach. Drüben liegt das Ziel deines Vorhabens. Geh hinüber. Welche Gefühle zeigen sich dabei? Sagt der Körper »Ja« oder »Nein«?

Eine Variante zum letzten Beispiel: Du stehst vor einem Sprung im Leben. Er scheint riskant. Steige auf eine Parkbank, denke an dein Anliegen und spring.
War das ein gutes Gefühl? Dann weißt du, was du zu tun hast. (Ich hoffe, du hast dir nicht den Fuß verstaucht – aber auch das wäre ja eine sehr klare Antwort ...)

Sei kreativ mit diesen Methoden.

Zum Abschluß noch ein Fallbeispiel:
   Ulrike, eine Seminarteilnehmerin, suchte Klärung in einer familiären Angelegenheit. Während ihrer schamanischen Reise begegnete ihr ein Bär, der ihr riet, sich nicht so zu bremsen. Am nächsten Tag unternahm sie zur weiteren Klärung eine Medizinwanderung. Ich erwartete sie an der Schwelle und konnte schon von weitem

sehen, daß sie etwas in der Hand hielt. Sie zeigte mir ihren Fund: Es war ein alter Fahrradbremsklotz mit dem Aufdruck des Firmennamens. Er lautete »Ursus« (lat. für »Bär«). Die Geisterwelt hat schon auch Humor. Ulrike berichtete mir neulich, daß sie den Bremsklotz noch immer als kleines Heiligtum aufbewahrt.

Glaube an deine Visionen, an deine Träume. Sie sind mit das beste, was du hast.

Die schamanische Reise:
Die Dinge hinter den Dingen sehen

So tief in die Erde
wie ein Baum
So hoch in den Himmel
wie ein Baum
geht mein Weg
geht mein Weg
Lied

Es ist Zeit für die schon mehrfach angesprochene schamanische Reise. Ich beschreibe zunächst in Grundzügen die Art, in der sie weitgehend vermittelt wird und biete dann eine Form an, wie sie für den Leser eines Buches nachvollziehbar und durchführbar ist. Ich empfehle aber, die ersten von der Trommel begleiteten Reisen unter Anleitung einer erfahrenen Person zu machen. Die Eindrücke sind oft sehr tief und vielschichtig, und es ist gut, jemanden zu haben, der den Rahmen dieses energievollen Prozesses halten kann, bevor man selbst dazu in der Lage ist.

Rufe dir zunächst noch einmal das für dich Wesentliche aus dem Kapitel »Schamanismus gestern und heute« ins Gedächtnis zurück.

Die schamanische Reise können wir als wachen Traum bezeichnen; du weißt, daß du träumst. Du hast die Kontrolle, indem du Anfang und Ende bestimmst. Zum monotonen Schlag der Trommel begeben wir uns in eine andere Wirklichkeit. Die Trommel versinnbildlicht den Herzschlag des Lebens, zu dem wir uns bewegen. Für unsere Reise wird dein *Herzschlag* den Rhythmus bestimmen.

Es ist inzwischen wissenschaftlich erwiesen, daß monotones Trommeln Entspannung, ja sogar Heilung bewirkt. Wir reisen in die *untere* Welt, die in keiner Weise mit dem negativ assoziierten Begriff der »Unterwelt« gleichgesetzt werden kann. Viele schamanische Traditionen kennen die Begriffe Unter-, Mittel- und Oberwelt. In der unteren Welt begegnen uns Geisthelfer, meist Tiere (Krafttiere), die uns Hinweise für die Lösung praktischer Alltagsfragen geben können. In die obere Welt reisen wir, um z. B. Einsicht in die persönliche Lebensaufgabe zu erhalten. Die mittlere Welt bezeichnet unsere all-tägliche Wirklichkeit – und ein wenig mehr. Vielleicht hast du Ein-drücke davon bekommen, als du Übungen des Kapitels »Einstieg in die Magie« durchführtest. Es sind die Momente, in denen man den *Herzschlag des Lebens* spüren kann.

Wir können diese »Weltsicht« mit einem Baum vergleichen. Die untere Welt wird symbolisiert durch die Wurzeln, auch unsere Wur-zeln, unsere Quelle, unsere Erinnerung. Der Stamm steht für die Mittelwelt, die Baumkrone für die Oberwelt.

Wir werden uns hier vor allem auf die Reise in die untere Welt konzentrieren.

Die Reise in die untere Welt

Wir treffen auf dieser Reise helfende Geister, können aber auch mit Schattenaspekten unserer selbst konfrontiert werden, wenn dies als hilfreich erachtet wird. Im Hinblick darauf mag die Quelle für Krafttiere und Engel die gleiche sein, denn auch im Licht der Engelwesen erkennen wir unsere Schatten oft schmerzhaft deutlich.

Michael Harner und andere schamanisch Praktizierende nennen verschiedene Merkmale, die der Identifizierung des persönlichen Krafttieres dienen. Demzufolge gibt es sich zu erkennen, wenn es sich viermal in verschiedenen Positionen zeigt. Dagegen sollten z. B. Reptilien, Insekten oder Tiere, die ihre Zähne zeigen, gemieden werden.

Ich persönlich habe gute Erfahrungen mit diesen Richtlinien gemacht, kenne aber auch andere, ebenso wirksame. Wenn sich ein Tier zeigt, und ich nicht sicher bin, ob es sich um mein Krafttier handelt, frage ich es mit etwa diesen Worten: »Im Namen der Liebe sage mir, ob du mein Geisthelfer bist.« *Liebe* ist die Kraft, der niemand widersteht, gleich ob Mensch oder Geist.

Im autobiographischen Teil habe ich berichtet, daß es in Michael Harners Workshop war, wo ich ein Reptil, eine Schlange als Krafttier empfing. Ich spürte die durchdringende positive Kraft dieses Wesens in mir, und Michael hatte keinerlei Einwände.

Du hast zwar die Kontrolle über deine Reise, aber du solltest nichts erzwingen, nichts manipulieren wollen. Ich möchte in diesem Zusammenhang auf gewisse Erwartungen eingehen, wie sie manchmal bei Einsteigern zu beobachten sind. Viele wünschen sich große, starke Krafttiere, Adler, Bären, Büffel usw. sind hier sehr populär. Aber dann kommt vielleicht »nur« eine Ameise oder gar ein Frosch. Sei sicher, das Tier, dem du begegnest, bringt dir genau die Kraft, die du gerade brauchst. Übrigens ist die Ameise eines der stärksten Tiere überhaupt, weil sie das bis zu Vierfache ihres eigenen Körpergewichts tragen kann. Und mancher Frosch war schon ein verzauberter Prinz ...

Laß also hier jegliche Erwartung los und lade (d)ein Krafttier ein,
zu dir zu kommen. Am besten verfährt man mit der gleichen Haltung
wie bei der Visionssuche.

Wenn du dein Krafttier getroffen hast, kannst du es bei der
bloßen Begegnung belassen oder ihm Fragen stellen. Gute Fragen
für das erste Mal sind z. B.:

Wie heißt du?
Was willst du für mich tun?
Welche Botschaft hast du für mich?
Was möchtest du von mir?

Tiefergehende Fragen wären:

Was ist meine wahre Natur (Stärken, Schwächen)?
Wo werden meine Talente und Fähigkeiten für die Gemeinschaft
(Familie, Freunde, Arbeit ...) gebraucht?

In jedem Fall formuliere möglichst einfach. Je klarer die Frage,
desto eindeutiger die Antwort. *Was willst du wirklich wissen?*
Für den Anfang reichen eine oder zwei Fragen. Und sei bitte
freundlich, denn du triffst einen Freund. Die Antworten können auf
verschiedene Weise kommen. Dein Geisthelfer kann z. B. zu dir
sprechen oder eine Geste vollführen, dir etwas zeigen oder sogar
etwas schenken. Wenn die Antwort nicht auf Anhieb verständlich
ist, werde nicht ungeduldig. Nachdenken kannst du später. Ich spre-
che hier auch aus eigener Erfahrung, denn ich bin jemand, der
meint, immer gleich alles verstehen zu müssen. Hatte ich schon
erwähnt, daß die Geistwesen Humor haben? Nun, mir passiert es
manchmal, daß meine Krafttiere mich ausdauernd ignorieren, mir
sogar den Hintern zudrehen, wenn ich zu penetrant nachfrage.
Ähnliches gilt für Fragen, die wir nicht selbst nach besten Möglichkeiten bearbeitet haben. Krafttiere nehmen uns die Arbeit nicht

ab, aber sie helfen uns gern, wo wir nicht weiterkommen. Auch hier ist wichtig, alles, was du auf deiner Reise erlebst, zunächst aufmerksam zu beobachten, auch scheinbar Unbedeutendes.

Für die Durchführung der nun folgenden meditativen Reise genügt es, wenn du dir die Beschreibung in den Grundzügen merkst. Solltest du zu den Menschen gehören, denen Visualisierungen schwerfallen, genügt es auch, an den beschriebenen Verlauf einfach zu denken. Führe die Reise nicht mit vollem Magen durch. Die günstigste Zeit ist abends oder nachts. Es ist hilfreich, wenn du dir einen Wecker (auch deinen inneren) auf maximal 10 Minuten stellst. Sorge dafür, daß du nicht gestört wirst.

Vertiefe dich zunächst für eine Weile in diese Spirale. Sie wird dein Eingang in die andere Welt sein.

Finde nun eine bequeme Position, sitzend oder liegend – schließe die Augen, nimm ein paar tiefe Atemzüge und laß Spannungen mit dem

Ausatmen gehen – Entspanne dich – Erlaube deinem Körper, deinen Gedanken, deinen Gefühlen, ruhig zu werden – Lausche – Lausche der Stille in dir, aus ihr kommt Gutes – Lausche jetzt deinem Herzschlag, laß dich von seinem Rhythmus mitnehmen – Du siehst jetzt den spiralförmigen Eingang einer Höhle vor dir – Tritt ein – Der Rhythmus deiner Schritte gleicht dabei dem deines Herzschlags – Wenn du nun die Höhle am anderen Ende verläßt, befindest du dich in einer Landschaft, die du liebst – Sie mag dir bekannt sein oder deiner Phantasie entstammen – Schau dich um – Warte, ob sich ein Geistwesen zeigt; du kannst auch innerlich nach ihm rufen – Wenn es erscheint, stelle fest, ob es dein Krafttier, dein Geisthelfer ist – Begrüße es und danke ihm für sein Erscheinen – Achte auf seine Reaktionen – Stelle nun deine Frage(n) – Bedanke dich anschließend für die Antworten – Wenn du willst, kannst du dein Krafttier bitten, mit dir zu kommen – Willigt es ein, so halte es an dein Herz, wenn du die andere Welt verläßt – Wenn es Zeit ist, zurückzukehren, nimm genau denselben Weg, den du gekommen bist – Du kannst dich in deiner Vorstellung dabei sehr schnell bewegen – Mach dir dann wieder deinen Körper bewußt, atme ein paarmal tief ein und öffne die Augen.

Bearbeite nun die Fragen.

Um deinen Geisthelfer zu ehren und dich noch mehr mit seiner Energie zu verbinden, tanze schließlich dein Krafttier. Lege eine rhythmische Musik ein, bewege dich wie das Tier, und du wirst seine Kraft spüren.

Grundschritte der schamanischen Reise:

1. Mach dir dein Anliegen klar.

2. Sorge für ein Zeit- und Rückkehrsignal.

48

3. Entspanne dich.

4. Betritt die Landschaft der anderen Welt durch den spiraligen Eingang.

5. Identifiziere und begrüße dein Krafttier.

6. Stelle deine Fragen.

7. Kehre auf demselben Weg zurück.

8. Mach dir Notizen zu deiner Reise.

9. Tanze dein Krafttier.

Zur Bearbeitung:

1. Beschreibe die Landschaft.

2. Beschreibe dein Krafttier.

3. Welche Gefühle hattest du bei deiner Begegnung mit ihm?

4. Notiere deine Fragen und die Antworten dazu.

5. Hattest du beim Tanzen des Krafttieres noch weitere Einsichten?

Abschließende Hinweise

Du kannst dein Krafttier um alles bitten, wofür du Hilfe brauchst, z. B. auch für die Durchführung der in diesem Buch beschriebenen Praktiken. Sei zurückhaltend aber nicht schüchtern mit deinen Bitten. Auch für kleinere Angelegenheiten des Alltags stellen sich die Geisthelfer meist gern zur Verfügung. In meiner Anfangszeit traute ich mich zunächst nur mit sehr wichtigen, »großen« Anliegen zu meinen Krafttieren. Dann sagte mir jemand, daß diese Wesen jede Art von Aufgaben gern übernehmen, bei denen sie selber herausgefordert sind und lernen können. Ob dies nun wahr ist oder nicht, jedenfalls gefällt mir dieser Gedanke und ich möchte ihn einfach weitergeben.

Arbeite regelmäßig mit deinem Krafttier. Es ist so, als ob du einen Freund zu dir einlädst. Er wird erwarten, daß du ihm Aufmerksamkeit gibst. Solltest du, aus welchen Gründen auch immer, nicht mehr den Wunsch nach weiterer Zusammenarbeit haben, so teile dies deinem Krafttier in angemessener Form mit. Es wird dich respektieren.

Reale Begegnungen mit den Krafttieren einer schamanischen Reise sind möglich, und ich habe bereits eine im autobiographischen Teil geschildert. Eine andere Begegnung, die ich bereits andeutete, fand in den USA bei Sun Bears Gemeinschaft statt.

Seit sie in Michael Harners Workshop zu mir gekommen war, trug ich die Schlange als kleinen Ohrstecker bei mir. Während meiner Zeit auf dem Vision Mountain hatte ich das Gefühl, es sei Zeit, von ihr Abschied zu nehmen. Zum Dank für ihre Unterstützung opferte ich den silbernen Ohrstecker am Medizinrad, von wo er bald danach verschwunden war. Einige Zeit später führten wir bei Vollmond eine Pfeifenzeremonie auf einem der großen »Mondfelsen« durch. Ich saß dabei mit dem Rücken zur Felskante. Nach Beendigung der Zeremonie standen wir auf. Auch der Hund, der uns begleitet hatte, sprang auf und fing im nächsten Moment an, laut den Felsen hinunter zu bellen. Als wir dazutraten, sahen wir auf einem kleinen Felsvorsprung knapp unterhalb der Kante eine Klapperschlange, zischend und zusammengerollt wie eine Sprungfeder, bereit zuzustoßen. Sie fühlte sich bedroht, aber wir alle hatten den Eindruck, sie würde nicht angreifen, wenn wir sie in Ruhe ließen. So entschuldigten wir uns bei ihr für die Störung und verließen den Felsen.

Diese Klapperschlange hatte ein sehr ungewöhnliches Verhalten gezeigt. Wie alle wilden Tiere gehen Schlangen den Menschen möglichst aus dem Weg. War sie bereits da, als wir kamen, hätte sie uns normalerweise rechtzeitig durch ihr Rasseln gewarnt. War sie gekommen, als wir schon da waren, wäre dies noch ungewöhnlicher gewesen.

Bruder Klapperschlange hatte sich also während der Zeremonie nur knapp einen Meter hinter meinem Rücken aufgehalten. War er gekommen, um sich zu verabschieden oder um sich noch einmal in Erinnerung zu bringen?

Die Reise in die Mittelwelt

Eine Reise in der mittleren Welt ähnelt in vieler Hinsicht den bereits geschilderten Techniken der inneren Arbeit. Wir bewegen uns in der unsichtbaren Welt der geistigen Ursachen, erkennen dort Zusammenhänge und Hintergründe und nutzen dies für unser äußeres Handeln.

Die Reise in die Oberwelt

Ein Baum wächst von seinen Wurzeln her, und so ist es gut, erst nach einiger Erfahrung mit Reisen in die untere und mittlere Welt in die Oberwelt zu gehen.

Um jedoch einen Eindruck davon zu bekommen, kann man sich mit der höheren Weisheit, die uns ständig begleitet, verbinden. Ein häufig dafür benutzter Begriff ist »Höheres Selbst«. Der mongolische Schamanismus kennt die »kosmische Seele«, die mit der Körperseele verbunden ist. Sie scheint als heller, weißer Stern über dem Menschen, und ich möchte dieses Bild für unsere Reise benutzen.

Sitze aufrecht und bequem, mit möglichst geradem Rücken – Entspanne dich mit deinem Ausatmen – Stelle dir nun starke, tiefe Wurzeln in die Erde vor, die von den Körperteilen, die den Boden berühren, ausgehen – Mit deinem Atemrhythmus bringe dann deine Aufmerksamkeit langsam von unten durch den Körper zum höchsten Punkt auf deinem Kopf, zum Kronenchakra – Verharre dort für ein paar Atemzüge – Stelle dir nun, etwa eine Handlänge über deinem Kronenchakra, einen leuchtenden Punkt vor – Er mag auch etwas tiefer oder höher liegen – Ein wohltuendes Gefühl zeigt dir an, wenn du den richtigen Punkt, den Ort deines Höheren Selbst, deiner kosmischen Seele gefunden hast – Verharre eine Weile dort – Bringe dann dein Bewußtsein langsam denselben Weg wieder zurück durch den Körper nach unten, laß die Wurzeln los, nimm ein paar tiefe Atemzüge, strecke dich und öffne die Augen.

Auch an diesem Ort der höheren Weisheit ist es möglich, Antworten auf deine Fragen zu finden. Es kann auch gut und erhellend für unser Leben allgemein sein, im Bewußtsein einfach öfter nur dorthin zu gehen und zu verweilen. Wichtig ist, sich fest zu verwurzeln und ganz zurückzukommen, bevor man die Augen wieder öffnet.

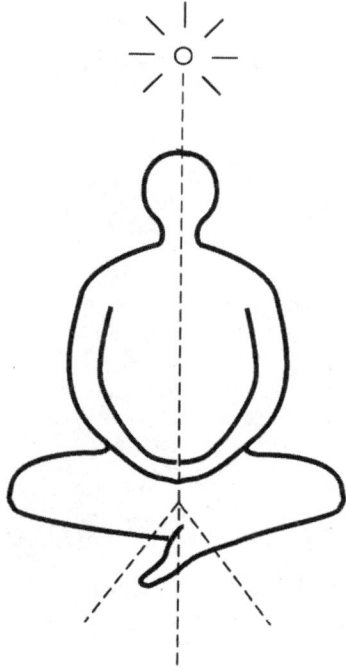

Zur Bearbeitung:

1. Wie hast du den Kontakt zu deiner kosmischen Seele empfun-
   den?

2. Spürtest du eine Verbindung zur Körperseele?

Medizinräder:
Leben im Gleichgewicht

Erde mein Körper
Wasser mein Blut
Luft mein Atem
Feuer mein Geist
Lied

Das Medizinrad ist ein Spiegel des gesamten Universums und damit auch ein Spiegel deines ganzen Wesens. Mit diesen Worten Hyemeyohsts Storms möchte ich dich einladen, das Rad des Lebens zu betreten. Du kannst es überall repräsentiert finden; du findest es in dir.

Lege dir vor der nun folgenden Meditation einen Bleistift zurecht.

Schließe die Augen, atme Ent-Spannung und erlaube dir, ruhig zu werden – Sieh dich nun auf einer Frühlingswiese stehen; der Tag ist sonnig und warm – Du bemerkst, daß du genau in der Mitte eines Kreises aus Steinen stehst – Beachte die Größe des Kreises – Wie groß sind die Steine? – In welchen Abständen sind sie gelegt? – Vier dieser Steine sind etwas größer und liegen nach den Himmelsrichtungen – Von ihnen laufen vier Steinreihen zum Zentrum, zu dir – Nimm das Bild dieses Kreises in dich auf – Fühle hinein, fühle tief und gut –
    Laß das Bild dann wieder los, atme tief und öffne die Augen.

Zur Bearbeitung:

1. Fertige nun eine Luftbild-Skizze des Medizinrades an, das du soeben gesehen hast.

2. Notiere dir sonstige Eindrücke der Meditation, besonders deine Gefühle.

Der Kreis des Lebens

Ein Medizinrad ist ein Kreis aus Steinen. Es ist ein Symbol für das Universum, für die Verbindung und das Gleichgewicht des Lebenskreises, der Elemente, der Pflanzen, der Tiere, der geistigen Hüter. Medizinräder, Steinkreise findet man überall in der Welt: in Nordamerika, Großbritannien (Stonehenge), in den Mandalas der fernöstlichen Hemisphäre, in Hawaii. Sie waren Orte, Zentren, an denen Menschen zusammenkamen zu Zeremonie, Tanz, Gesang, Unterweisung oder um etwas über ihren Platz im Leben zu erfahren, Heilung zu empfangen und zu geben, der Erde zu danken.

Medizinräder sind damit Symbole einer ganzheitlichen Orientierung. Allein das Legen und Pflegen eines Medizinrads ist ein Akt, um Harmonie und Gleichgewicht in uns, unserer Umgebung, in der Welt herzustellen.

Abbilder des Lebens

Die Natur bringt keine geraden Linien hervor, sie bewegt sich in Kreisen. Die Erde ist rund, sie dreht sich um ihre Achse. Sie dreht sich um die Sonne. Wir kennen den Kreislauf der Jahreszeiten, den Kreislauf des Tages, den spiraligen Kreislauf des Lebens von der Kindheit bis zum Alter. Bäume wachsen in Kreisen, bilden Jahresringe. Wasser fließt, verdunstet, steigt auf, wird Regen, fällt zur Erde, fließt. Blut kreist in unserem Körper.

Medizinräder sind Abbilder dieses einfachen, aber tiefgreifenden Zusammenhanges. Ein einfaches Medizinrad könnte etwa so aussehen:

Das Medizinrad nach Sun Bears Vision

Sun Bear, ein Chippewa-Medizinmann, empfing die Vision seines Medizinrads während einer Zeit des Umbruchs und der Suche nach dem wahren Kern seiner Lebensaufgabe.

Es besteht aus 36 Steinen:

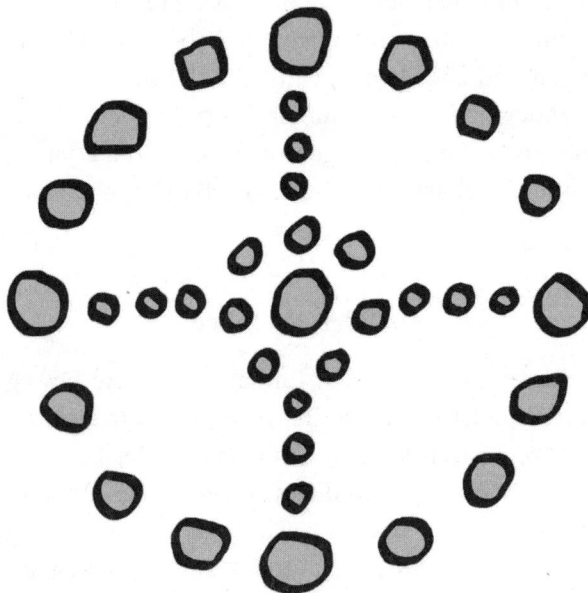

Das Zentrum steht für den Schöpfer, den Großen Geist in allem. Wir finden die Himmelsrichtungen, repräsentiert durch die vier Geisthüter: Im Norden den Büffel, im Osten den Adler, im Süden den Koyoten und im Westen den Grizzly.

Der äußere Kreis symbolisiert die 12 Monate, die Welt der Mineralien, Pflanzen, Tiere, während wir im inneren Kreis die Steine für Mutter Erde, Vater Sonne, Großmutter Mond und die vier Elemente finden. Aus den vier Richtungen führen die Seelenpfade zum Zentrum.

Zur Vertiefung dieser sehr knappen Beschreibung seien Sun Bears Bücher zum Medizinrad empfohlen (siehe Literaturverzeichnis).

Der äußere Kreis kann betrachtet werden als das, was uns umgibt, unseren Alltag. Er bewegt sich in der Zeit, ist aber mit dem zeitlosen Zentrum verbunden. Der innere Kreis steht sozusagen für die elementaren Dinge des Lebens. Wir leben im Alltag, im äußeren Kreis, aber wenn wir dort zu sehr verhaftet sind, drehen wir uns nur ständig im Kreis äußerlicher Probleme, laufen wir im Hamsterrad oder fühlen uns als kleines Rädchen im Getriebe. Um zur Mitte, zu unserer Mitte zu gelangen, müssen wir dem Pfad unserer Seele folgen.

Unser Leben ist eine Reise im und um das Rad, und das Medizinrad beschreibt diesen einfachen, gleichzeitig komplexen und tiefen Zusammenhang. Die Medizinradtreffen der deutschen Schüler Sun Bears bringen seine Vision und Lehre zu uns. Informationen dazu erhältst du beim Bärenstamm e.V. (siehe Adressen).

Aspekte des Medizinrads – ein Weg zur Ganzheit

Wenn wir imstande sind, die Dinge von allen Seiten zu betrachten, erhalten wir ein umfassendes Bild. Wenn wir alle Anteile unserer Persönlichkeit leben können, erreichen wir unser volles Potential. Hier liegt die Kernbotschaft des Medizinrads: die Qualität des Gleichgewichts, die Balance von allem, was ist.

Verschiedene Traditionen setzen die Schwerpunkte auf dem Rad in unterschiedlicher Weise; im Kern finden sie sich jedoch im gleichen Geist wieder. Für die Darlegung einiger wesentlicher Aspekte, mit denen wir im nachfolgenden Kapitel arbeiten werden, nehme ich vor allem Bezug auf Sun Bears Medizinrad. Wir konzentrieren uns dabei im besonderen auf vier Steine. Es sind die, die die Himmelsrichtungen angeben, und sie können daher auch für uns richtungsweisend sein.

1. Die Richtungen

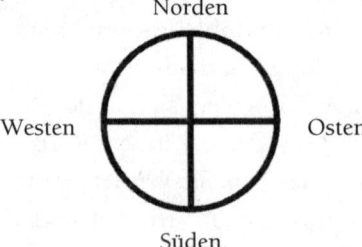

Norden

Westen — Osten

Süden

2. Der Mensch

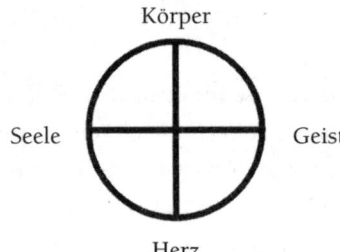

Körper

Seele — Geist

Herz

3. Die Elemente

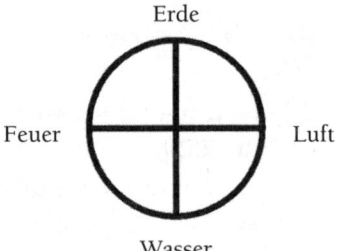

Erde

Feuer — Luft

Wasser

4. Die Qualitäten

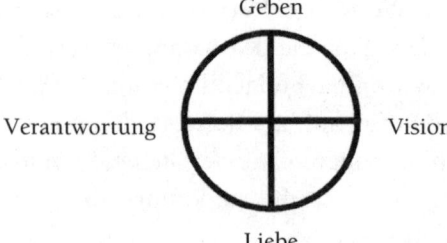

Geben

Verantwortung — Vision

Liebe

Wir alle sind Körper und Geist, Herz und Seele. Wir sind Erde und Luft, Wasser und Feuer. In uns allen stecken die Qualitäten des Gebens und Liebens, der Verantwortung für unsere Gemeinschaften und die Kraft der Vision. Wo Ungleichgewicht herrscht, wo eine Sichtweise dominiert, entstehen Probleme. Wir alle sehen, wohin uns die Dominanz des Materiellen und des Intellekts in unserer Zivilisation geführt hat.

Es ist reizvoll, hier einen globalen Blick auf die Schwerpunkte der menschlichen Aspekte in den verschiedenen Kulturkreisen zu werfen. Die Welt als großes Medizinrad – wie weit sind wir imstande, uns über unsere inneren Wahrheiten, unsere Seelenpfade zu verbinden, anstatt uns im äußeren Kreis zu polarisieren?

Arbeit mit dem Medizinrad

Um mit dem Medizinrad zu arbeiten, muß dir eines zur Verfügung stehen. Du kannst es legen (in deinem Garten, auf dem Balkon oder in einer geschützten Zimmerecke), aufmalen oder dir gedanklich vorstellen. Aus eigener Erfahrung weiß ich, daß es oft nicht genügt, nur darüber zu lesen. Als ich vor Jahren Sun Bears Medizinradbuch las, langweilte es mich ein bißchen. Erst, als ich vor einem »leibhaftigen« Rad stand, erfuhr ich seine Magie. Ich habe diesen Zauber seitdem immer wieder bei mir und anderen erlebt und vertraue ihm. Daher beschränke ich mich hier auf eine eher sachliche Darstellung der Methoden.

Größe und Form deines Medizinrades sind deiner Eingebung überlassen. Achte jedoch darauf, daß *ein Zentrum, die vier Richtungen und die Seelenpfade* vorhanden sind. Wenn du die Steine für dein Rad sammelst, ist es gut, ihnen dein Anliegen zu erklären und sie zu fragen, ob sie mit dir kommen wollen. Ebenso solltest du sie später fragen, in welche Position sie gelegt werden wollen. Nimm dir diese Zeit, denn damit be-lebst und be-seelst du dein Medizinrad bereits.

Etwas von allen Seiten betrachten

Hier zunächst eine einfache Methode, mit der wir zwischendurch immer wieder auf die Weisheit des Medizinrads zurückgreifen können.

Formuliere deine Frage, dein Problem möglichst klar und plaziere es – auf einem Zettel notiert, symbolisiert durch einen Gegenstand oder gedanklich – im Zentrum. Begib dich nun, wiederum körperlich oder in deiner Vorstellung zu derjenigen der vier Richtungen, die dich anzieht.

Sagen wir, es geht um eine finanzielle Angelegenheit, z. B. den Kauf eines Autos. Wenn du jetzt im Norden stehst, den materiellen Aspekt untersuchst, nutze die Weisheit deines Körpers (siehe Kapitel »Visionssuche«). Willst du tiefer gehen, frage die Erde. Was hast du zu geben, wenn du dir deinen Wunsch erfüllst?

Gehe dann zum gegenüberliegenden Stein, in unserem Beispiel also in den Süden. Atme durch dein spirituelles Herz in der Mitte deiner Brust. Fließt es hier frei, wenn du dir den Autokauf vorstellst?

Gehe nun in den Westen, schließe die Augen und lausche deiner inneren Stimme. Welche Art von Verantwortung gehst du ein?

Was sagt schließlich dein Geist? Ist der Gedanke luftig-leicht oder drücken Zweifel?

Sei auch mit dieser Methode kreativ.

Zur Bearbeitung:

1. Notiere alle Eindrücke, Gedanken, Bilder, die du hattest.

Norden:

Süden:

Westen:

Osten:

2. Schließe jetzt noch einmal die Augen. Aus welcher Richtung kam
   der stärkste Impuls?
   Folge ihm.

Vor der Schilderung einer etwas detaillierteren Methode möchte ich auf die vier Meditationsformen zu den Himmelsrichtungen hinweisen, wie sie Angeles Arrien in ihrem ausgezeichneten Buch »Der vierfache Weg« beschreibt. Du kannst sie zur Unterstützung deiner Medizinradarbeit hinzuziehen, und ich skizziere sie kurz:

Norden: Aufrecht **stehend** mit offenen Augen

Süden: **Liegend**, Hände auf dem Herzchakra, Augen geschlossen

Westen: Aufrecht **sitzend** mit geschlossenen Augen

Osten: **Gehen** (mit offenen Augen)

Schwerpunkt setzen, Fokus finden

Wir sind ständig unterwegs auf dem Lebens-Rad, wechseln unsere Position je nach Entwicklung. Es ist daher gut zu wissen, auf welcher Position des Medizinrades wir uns gerade befinden. Wie schon bei der Medizinwanderung müssen wir uns zunächst fragen: »Wo stehe ich?«, bevor wir den nächsten Schritt ins Auge fassen.

Welche Richtung kann mir jetzt, in dieser Phase meines Lebens, die besten Hinweise geben?
    Verlasse dich bei dieser Methode vor allem auf deine Intuition.
    Du brauchst fünf Kartonstücke, auf die du jeweils eine Richtung schreibst, also Osten, Süden, Westen, Norden und Zentrum. Alternativ kannst du auch fünf Spielkarten nehmen und z.B. die »Zehn« dem Osten zuordnen, »Bube« dem Süden, »Dame« dem Westen, »König« dem Norden und »As« dem Zentrum (womit natürlich keinerlei Bewertung verbunden ist).

Was auch immer du nimmst, verwende es ausschließlich für diese Arbeit. Mische die Karten gut und verteile sie nach Gefühl umgekehrt auf dem Boden. Man kann dies auch auf engem Raum tun. Ziehe nun deine Schuhe aus, stelle dich mit geschlossenen Augen zu den Karten und zentriere dich gut, indem du dein Gewicht ins Becken verlagerst. Bitte den Geisthüter der Richtung, die dir am besten helfen kann, sich zu offenbaren. Öffne dann die Augen und gehe langsam und aufmerksam zwischen den Karten umher. Spüre, bei welcher Karte du stehenbleiben willst, welche dich ruft. Bist du dann noch nicht ganz sicher, stelle dich über die Karte und fühle nach. Ansonsten folge dem ersten Impuls. Decke die Karte auf und begib dich in die entsprechende Position deines Medizinrads, physisch oder gedanklich. Verbinde dich nacheinander mit allen Aspekten dieser Position, mit dem menschlichen, dem elementaren, dem qualitativen. Was haben sie dir zu sagen? Warte auf das, was zu dir kommt: Einsicht, Idee oder Entscheidung. Wenn es nicht schnell geht, warte länger.

Solltest du den Wunsch dazu verspüren, dann gehe auch zu der gegenüberliegenden Position, um Gleichgewicht herzustellen und verfahre wie beim ersten Mal.

Bedanke dich.

Wie schützt du dich vor Einbildungen? Vertraue – auch wenn du das nicht gewohnt bist. Hast du großes Vertrauen, dann gib es; hast du ein Fünkchen davon, dann gib dieses Fünkchen. Geh mit dem, was aus dir kommt, es ist deine Kraft.

»Schamanisches Internet«

Barden und Druiden vergangener Zeiten gaben ihr Wissen nur mündlich weiter. Was sie vermittelten, war – oft gekleidet in Verse und Gesänge – die Essenz, der substanzielle Teil, den man wirklich brauchte.

Was von den riesigen Informationsmengen, die heute via Internet und Medienflut herumfliegen, willst du wirklich wissen? Und wie alt müßtest du werden, um in dieser Zeit der Informationsanarchie all das für dich herauszufiltern, was du wirklich brauchst? Fern jeder rückwärtsgewandten Weltfremdheit bzw. Technologiegläubigkeit mag es ein gesundes Gleichgewicht geben zwischen Barde und Website.

Wallace Black Elk, Großneffe des Lakota-Medizinmannes Black Elk, bemerkt zu seinen kraftvollen Erfahrungen: »Die Macht des Großen Geistes schlägt in die Sinne ein wie ein Blitz. Mein Geist ist wie ein Farbfernseher; mit ihm kann ich all die heiligen Farben sehen: blau, rot, gelb und weiß.« (Anmerkung: Farben der vier Richtungen auf dem Lakota-Medizinrad.) Er nennt die Heilige Pfeife sein »Telefon«, weil sie ihn in direkten Kontakt mit den spirituellen Kräften bringt.

Die Heilige Pfeife, auf die ich im Rahmen dieses Buches nicht näher eingehen kann, ist ebenso wie das Medizinrad ein Symbol für das gesamte Universum.

Ich halte mich nicht für einen Menschen mit überdurchschnittlicher spiritueller Begabung. Erfahrungen, wie ich sie gemacht habe, sind meines Erachtens grundsätzlich jedem zugänglich. Daher möchte ich ein Erlebnis schildern, das mir die Kraft des Rades eindrucksvoll bewies.

Ein Medizinrad tanzt herein

Um die Zeit des Frühlingsbeginns 1996 in Findhorn hatte ich einen starken Impuls, ein Medizinrad zu legen. Ich durchstreifte den großen Garten auf der Suche nach einem geeigneten Platz. Als ich schließlich auf einem spitz zulaufenden Rasenstück stand, wußte ich, daß ich ihn gefunden hatte. Von zwei Seiten war er durch Blumenbeete geschützt, jedoch gut sichtbar und zugänglich. Es ging nun darum, die Unterstützung der Gärtner zu bekommen. Als ich die Leiterin der Gärtnergruppe fragte, was sie davon hielte, 36 große Steine auf dem gepflegten britischen Rasen zu plazieren, gab sie mir eine überraschende Antwort: »Interessant, daß du dir gerade diese Stelle ausgesucht hast. Wir planen, das gesamte Areal dort unten neu zu gestalten. Nur für diesen Fleck ist uns noch nichts eingefallen. Du kannst ihn also gern benutzen – und wußtest du übrigens, daß es sich um einen Kraftplatz handelt?« Ich hatte es nicht gewußt.

Ich ging öfter zu der Stelle, um Verbindung mit ihr aufzunehmen, und bat auch einen dort wohnenden Maulwurf, doch bitte umzuziehen, was er dann tat. Die Frage war nun, wann der geeignete Zeitpunkt für das Legen des Medizinrads wäre. Eines Tages, als ich mich wieder dort aufhielt, kam in einer Art Eingebung der Termin: »21. Juni, 10 Uhr vormittags«. Erklären konnte ich mir das nicht, aber es fühlte sich einfach richtig an. Etwa einen Monat später las ich einen Artikel über ein bevorstehendes Treffen indianischer Elders (»Ältester«, soviel wie Lehrer, Führer, Weise) zu einem Gebets- und Friedenstag in den heiligen Bergen der Black Hills in Süd-Dakota. Es sollte am 21. Juni um 10 Uhr beginnen.

So hatte ich nun Platz und Zeit und brauchte noch die Steine. In der Umgebung war es schwierig, welche zu finden, und sie vom Strand zu nehmen, wäre illegal gewesen. Eines Tages sprach mich Patrick darauf an, der, wie ich wußte, mit indianischer oder schamanischer Spiritualität nicht viel im Sinn hatte. Er war dabei, Gartenwege neu einzugrenzen, fuhr dafür regelmäßig in den nahen Steinbruch und lud mich ein, mitzukommen. Dies nahm ich natürlich dankend an, und wir luden etwa zwei Tonnen grauer schottischer Granitsteine auf, darunter auch meine 36. Beim Verlassen des Steinbruchs fuhren wir auf die große Waage, und Patrick ging ins Büro, um zu bezahlen. Als er wiederkam, grinste er von einem Ohr zum anderen. »Der Computer war gut gelaunt. Er hat das Komma um ein paar Stellen nach links verlegt, und ich hab nur 65 Pence bezahlt.«

Am 21. Juni vormittags wurde das Medizinrad gelegt.

Ich habe immer wieder folgendes erlebt: Da, wo ein Medizinrad gelegt wird, geht es zunächst oft rund. Wenn die Dinge nicht an ihrem Platz sind, dreht sich das Rad schnell und nimmt uns alle mit. Zufall oder nicht: Nachdem das Medizinrad in Findhorn gelegt war, beschleunigte sich der kurz vorher in der Gemeinschaft begonnene Neuorientierungsprozeß rasant und hält bis heute mit z. T. tiefgreifenden Veränderungen an.

Die Macht der Symbole – Symbole der Macht

Betrachten wir die Grundstruktur des Medizinrads, so erkennen wir im geöffneten Kreis die Drehrichtung des alten Runensymbols der Swastika:

Die Richtung des Sonnenkreises (Uhrzeigersinn) symbolisiert hier die konstruktiven Kräfte.

Auf alten Fotos ist zu sehen, daß die Nationalsozialisten das Hakenkreuz zunächst in dieser ursprünglichen Form übernahmen. Erst mit dem erklärten Ziel der Machtübernahme wurde es verdreht, so daß wir nun destruktive Energie symbolisiert finden:

Ich verweise hier auf die Anmerkungen Leo Rutherfords zur Meisterung des Lebensrades und Rüdiger Dahlkes zum indischen Feuerrad (siehe Literaturverzeichnis).

Symbole tragen Kraft in sich. Sie kann für positive Einflußnahme genauso verwendet werden, wie für Macht und Manipulation. Persönliche Integrität ist hier genauso wichtig wie gesellschaftspolitische Verantwortung, um den Lauf der Dinge nicht für persönliche Zwecke zu mißbrauchen.

Inneres Gleichgewicht zu erreichen und zu erhalten, bedeutet für die meisten von uns ständige, oft mühselige Arbeit; gesellschaftliche Probleme werden oft mit einseitigen Strategien »gelöst«; wir haben uns vom Gleichgewicht des Schreckens verabschiedet, ohne das Gleichgewicht eines echten Friedens erreicht zu haben. Die Untersuchung dieses Zusammenhanges im Hinblick auf eine »spirituelle Politik« wäre Stoff für ein eigenes Buch.

In Abwandlung des Zitats eines englischen Künstlers, der Engelbilder malt, möchte ich hinzufügen: *Je materialistischer die Welt wird, desto mehr Medizinräder werde ich legen.*

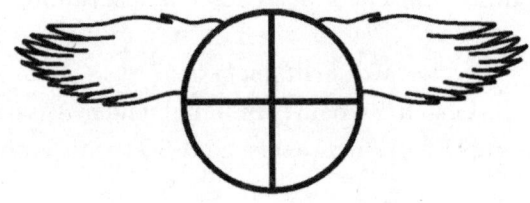

Teil 4: Anwendungen

Zeremonie und Heilung: Die Kraft der Seele

Ich bin ein Kreis, ich heile mich
Du bist ein Kreis, du heilst dich
Laß uns eins sein, eins sein
Lied

»Gesundheit!«

Was ist Heilung?
Ich habe noch nirgends eine Antwort darauf gefunden. Es gibt zahllose Beschreibungen jeder Art, wie Heilungsprozesse ablaufen, wodurch man Heilung erreichen kann, was heilsam ist. Letztendlich ist Heilung nicht erklärbar, ist Mysterium. Doch wir alle wissen eines und vertrauen darauf:

Heilung geschieht.

Was ist ein Heiler?
Ob Arzt, Heilpraktiker oder Geistheiler – sie alle können nicht heilen, sondern bestenfalls den Heilungsprozeß positiv beeinflussen. In diesem Verständnis benutze ich im weiteren den Terminus »heilen«.

Was heilt am besten?
So, wie es sich darstellt, scheint ein umfassender Ansatz, der Körper, Gefühle und Emotionen, Geist und Seele mit einbezieht, am

wirksamsten zu sein. Schulmedizinische, therapeutische, heilprak-
tische und spirituelle Betreuung stehen hier gleichberechtigt neben-
einander; Mitgefühl ist ihr verbindender Kern.

Was kann man selbst tun?

Neben dem Erlernen von Selbstheilungspraktiken wie Akupressur,
Reflexzonenmassage, Yoga usw. vor allem dies: Bewußtsein für die
positiven, heilenden Kräfte in uns und um uns aktivieren. Sie sind
immer da, halten uns gesund bzw. bewirken unsere Gesundung.
Schamanisches Heilen setzt genau hier an. Neben dem Gebrauch
äußerer, z. B. pflanzlicher Mittel »träumt« der Schamane den gesunden
Menschen und heilt ihn dadurch. Oder anders gesagt, er träumt den
Menschen gesund.

Diese Möglichkeit steht jedem von uns offen, warum sie also nicht
nutzen? Wir alle tragen die Fähigkeit zu heilen in uns, mit unter-
schiedlichen Begabungen und Fähigkeiten freilich. Viel Potential
liegt hier noch brach. Berührung heilt. Wie oft und vor allem, wie
intensiv, berühren wir uns? Liebe heilt. Wieviel Liebe lassen wir in
unser Leben? Unsichtbare Wesen warten darauf, uns ihre heilenden
Kräfte anzubieten. Wie offen sind wir für ihr Angebot?

Obwohl hierzulande bei manchen Ärzten eine vorsichtige Öff-
nung für alternative und spirituelle Heilweisen zu beobachten ist,
dominiert noch immer äußere Symptombehandlung und eingleisi-
ges Spezialistentum. In britischen und holländischen Kliniken werden Geistheiler hinzugezogen (auch in Deutschland, aber heimlich),
ein bekannter amerikanischer Herzspezialist arbeitet bei Operationen
mit Heilern zusammen. Es scheint, als ob die Skepsis vieler Schul-
mediziner vor allem dadurch begründet ist, daß sich der Vorgang
spirituellen Heilens nach wissenschaftlichen (und daher begrenzten)
Maßstäben nicht »verstehen«, nicht erklären läßt. Schamanische

und andere Heiler können ihre Methoden und Erfolge auch nicht immer erklären, aber sie wissen, was heilt. Ärzte wollen davon oft nichts wissen.

Ich hatte seit meiner Kindheit mit ständig wiederkehrenden Halsschmerzen zu tun. Lange Jahre dämpfte (bekämpfte) ich sie, indem ich Tabletten lutschte, aber erst, als ich in der Therapie alte Schmerzen und Wut aus mir herausschrie, trat hier, quasi als Nebeneffekt, Heilung ein. Seit 13 Jahren habe ich keine Halsschmerzen mehr. Ein weiterer Schritt ist die Vergebung denjenigen gegenüber, die mir Schmerzen zufügten.

Mein Augenarzt weigerte sich, mir einen Überweisungsschein für »so dummes Zeug«, wie die Bates'sche Sehtherapie auszustellen. Ich bezahlte aus eigener Tasche und lernte vor allem ein anderes Konzept des Sehens, d. h., ich ließ meine Angst, mir könnte etwas »entgehen«, los. Seit vielen Jahren brauche ich keine stärkeren Gläser mehr und trage meine Brille nur noch beim Autofahren oder im Kino.

Als ich mit mir kämpfte, ob ich meinen Lehrerberuf aufgeben sollte, plagten mich Rückensteifheit und -schmerzen. Spritzen halfen – vorübergehend. Dann wurde mir die Diagnose einer unheilbaren Krankheit gestellt, deren ungünstigster Verlauf zu zunehmender Rückratversteifung und Rollstuhl führen könnten. Der Schock der Diagnose rüttelte mich auf. Ich akzeptierte sie nicht und wußte auf einmal: Mein Rücken war steif, weil *ich* unbeweglich war, weil ich die Entscheidung über mein weiteres Leben vor mir herschob. Ich traf die Entscheidung. Dies ist jetzt sechs Jahre her, und ich habe seitdem praktisch keine Beschwerden mehr.

Diese Beispiele sollen nicht Munition gegen die Schulmedizin liefern, höchstens gegen deren einseitige Anwendung und Betrachtungsweise – von Ärzten und Patienten. Meine Vision ist die von kleinen Stadtteil-Gesundheitszentren. Dort arbeitet der Allgemeinarzt zusammen mit den Kollegen Spezialisten für Zähne, Augen, Ohren, Haut usw., dem Heilpraktiker, dem Psychotherapeuten und dem spirituellen Heiler; dort werden preisgünstig Kurse für

Selbsthilfemethoden zur Gesunderhaltung angeboten. Noch verhindern dies Gesetze bzw. Standesdenken bzw. Futterneid. Die aktuelle Diskussion zur Gesundheitsreform beschränkt sich bisher vor allem auf den finanziellen Aspekt. Es geht also darum, die Gesundheitsdiskussion nachhaltig im Sinne des gesunden Menschenverstandes zu beeinflussen.

Heilung durch innere Arbeit

Unsere Seele hält unseren Lebensplan. Je bereitwilliger wir ihrem Wegen folgen, desto glücklicher, erfüllter, heiler ist unser Leben. Oft genug weichen wir davon ab, und dann bieten Krisen, gleich auf welcher Ebene, die Chance, wieder zurückzufinden. Krisen machen Angst, aber wir sind gut beraten, auch unangenehme Situationen zunächst als *Herausforderung* zu akzeptieren, um ihnen zu erlauben, sich von selbst zu verändern, zu heilen. Die Schlüsselbegriffe, die sich durch diesen und die folgenden Abschnitte ziehen, heißen daher:

Annehmen

Lieben

Veränderung erlauben

Bringe deine Schmerzen oder Beschwerden in die Meditation. Mache dir ein Bild, in dem du dich und deine Situation so objektiv und nüchtern wie möglich betrachtest.

Du hast Beschwerden, aber du bist nicht deine Beschwerden. Du kannst sie in ein Symbol kleiden, dir z. B. Kopfschmerzen als grelles, stechendes Licht vorstellen. Wichtig ist, bei der Wahrheit zu bleiben; mache es weder schlimmer, noch schiebe etwas weg: Wahr – Nehmung. Zusätzlich kannst du den Schmerzen stimmlichen Ausdruck verleihen, etwa mit Summen. Welchen Ton hat dein Schmerz? Schon jetzt kann Besserung eintreten.

Atme durch dein Herzchakra in der Mitte deiner Brust. Auch wenn dies nicht wirklich geschieht, kann man es sich gut vorstellen. Schließe dich an die Kraft der Liebe an. Verstärke dies, indem du dich an eine Situation erinnerst, in der du Liebe spürtest, zu einem Menschen, einem Tier, einer Landschaft ... Spüre noch einmal, wie das war, fühle die Liebe. Sende nun diese Liebe mit Hilfe deines Atems zu der schmerzenden Stelle, richte sie wie einen Laserstrahl direkt dorthin.

Wird der Schmerz jetzt schlimmer? Das kann durchaus ein gutes Zeichen sein, denn tiefgreifende Heilungsprozesse beginnen oft mit einer Erstverschlimmerung.

Beobachte weiter dein Bild der Krankheit. Nimmst du Veränderungen daran wahr? Laß es einfach geschehen, manipuliere nichts. Sei dein eigener Beobachter. Gib weiter Liebe hinein und führe dies so lange fort, bis du das Gefühl hast, der Prozeß ist beendet. Dann komm langsam aus der Heilmeditation zurück.

Diese Übung kannst du auch jederzeit zur Erhaltung deiner Gesundheit oder einfach für dein Wohlbefinden einsetzen, aber sie ist kein »spirituelles Aspirin«. Schicke Liebe großzügig, gib sie mit vollen Händen aus und bringe sie zu deinen Knochen, zu deinen Organen, in dein Gedärm, dein Gehirn, dein Fleisch, deine Muskeln, deine Haut. Auch und gerade emotionelle Störungen lassen sich auf diese Weise gut behandeln. *Geistige Heilung ist nur eine von mehreren Formen. Sie ersetzt auf keinen Fall andere eventuell notwendige Behandlungen.*

Noch ein Wort zur Angst. Sie ist zur Volkskrankheit geworden, und die Deutschen halten den Weltrekord im Verbrauch von Psychopharmaka. Angst ist auch nützlich, wenn sie uns schützt. Aber zuviel Angst blockiert das Leben, zu wenig Angst kann uns leichtsinnig oder überheblich machen. In beiden Fällen trennt sie uns ab von dem, was uns umgibt und letztlich von uns selbst. Wenn wir vor ihr weglaufen oder versuchen, sie zu ignorieren, drängt sie sich nur um so mehr auf. Bleib stehen und schau sie dir an, deine Angst. Frage sie: »Was bist du? Was willst du mir sagen?« Wenn du das schaffst, kann es leicht sein, daß die riesige Angst sehr schnell auf ein harmloses Normalmaß schrumpft.

Heilung durch Visionssuche

Meine Erfahrung ist, daß Vision heilt, weil kleinliches Ego keinen Platz neben ihr hat. Es ist heilsam, eine Vision zu haben. Noch gesünder, wenngleich mühsamer ist es, die Vision zu leben.

Heilen mit Hilfe des Krafttieres

Selbstverständlich kann man sein Krafttier für jede Form transformativer Heilung um Hilfe bitten. Lege dir für diese Arbeit, die in Findhorn entstand, zwei Blätter sowie Malstifte zurecht.

Schließe die Augen und rufe dein Krafttier. Der erste Schritt ist wiederum, die Beschwerden, ob physisch oder psychisch, anzuerkennen und anzunehmen. An welcher Körperstelle nimmst du sie wahr? Bitte diese Stelle, sich dir als ein Symbol oder eine Farbe zu zeigen. Mache davon eine schnelle Zeichnung. Frage dich nun sehr genau, ob dies der richtige Zeitpunkt für die Heilung ist. Beende den Prozeß, wenn es nicht so ist, und versuche es ein andermal.

Bitte dein Krafttier nun, das Symbol deiner Beschwerden heilend zu verändern. Greife nicht ein, du bist hier nur Beobachter des Prozesses. Du kannst ihn jedoch, wenn es sich richtig anfühlt, mit deiner Liebe unterstützen. Beobachte auch eventuelle Veränderungen bei dir. Das veränderte Symbol kannst du wiederum schnell aufzeichnen. – Gibt es einen Weg, das neue Symbol in deinen Alltag zu integrieren? Du kannst das zweite Bild auch einfach aufhängen.

Bedanke dich bei deinem Geisthelfer.

Grundschritte:

1. Akzeptiere deine Beschwerden.

2. Rufe dein Krafttier.

3. Wenn du geheilt werden willst, bitte um Hilfe.

4. Beobachte und laß zu, was geschieht.

Diese Methode ist auch eine schnelle Hilfe im Alltag. Wichtig ist, daß du dich auf die Beschwerden konzentrierst, nicht auf die Ursache oder die Verursacher, denn sie sind im Grunde nur die Auslöser. Alles, was du brauchst, ist für ein paar Minuten ein stiller Ort (zur Not ein stilles Örtchen). Gehe die Schritte in deiner Vorstellung durch – etwas wird sich verändern.

Seelenrückholung und Extraktion

Schamanen sehen vor allem zwei Gründe für Krankheit: *Energieverlust* und das *Eindringen unerwünschter Kräfte*. Da aus schamanischer Sicht alles beseelt ist, bedeutet der Verlust von Kraft, daß ein Teil der Seele verlorengegangen ist. Im Falle des Eindringens krankmachender Energien ist es Aufgabe des Schamanen, diese zu entfernen. Auch bei uns gibt es schamanisch Praktizierende, die diese Methoden beherrschen.

76

Heilen mit dem Medizinrad

Wenn wir mit uns im Einklang, in unserer Mitte sind, sind wir heil. Diese Feststellung kann auch auf einen unheilbar Kranken zutreffen, der seine Krankheit akzeptiert hat. Die Trennung vom Zentrum durch Verhaftung im Äußeren führt zu Krankheit. Die Dinge des Alltags nehmen uns dann zuviel Kraft. Unsere Seele weist uns den Weg zurück zur Mitte; das Medizinrad beschreibt diesen Weg. Heilung bedeutet aus dieser Sichtweise die Rückkehr aus Krankheit zum Pfad des eigenen Lebens.

Vor der nun folgenden Meditation rufe dir die Aspekte des Medizinrads noch einmal ins Gedächtnis.

Schließe die Augen, finde Entspannung und Ruhe – Sieh dich selbst in einer Landschaft, die du liebst – Du stehst vor einem großen Medizinrad – Schau es dir genau an – Dein Ziel ist die Mitte des Rades, und du wirst es aus einer der vier Richtungen betreten – Nimm dir Zeit, zu spüren, welcher der vier Richtungssteine dich anzieht – Er ist dein Eingang – Begib dich jetzt dorthin und begrüße ihn – Dann, in deinem Tempo, machst du die Schritte zum Zentrum – Auf deinem Weg passierst du drei Meilensteine – Achte darauf, ob sie dir etwas sagen – Schließlich erreichst du die Mitte des Kreises – Bleibe eine Weile hier, bleibe bei dir, aufmerksam für alles in dir und um dich – Bedanke dich nun und drücke deinen Dank vielleicht durch eine kleine Opfergabe aus, die du hinterläßt – Verlasse das Medizinrad durch die gegenüberliegende Richtung – Lasse das Bild dann los und komm langsam zurück.

Zur Bearbeitung:

1. Durch welche Richtung hast du das Medizinrad betreten?

2. Gab es, entsprechend den Aspekten des von dir gewählten Eingangs, besondere Empfindungen in körperlicher, geistiger, gefühlsmäßiger oder seelischer Hinsicht?

3. Gab es Botschaften der »Meilensteine«? Welche?

4. Bist du zur Mitte gelangt?

5. Notiere deine Eindrücke und Erfahrungen dort.

Beziehungen heilen

Großer Geist, bewahre mich davor,
über einen Menschen zu urteilen,
ehe ich nicht eine Meile in seinen Mokassins gegangen bin.
Apache

Bert Hellinger (siehe Literaturverzeichnis) spricht davon, *anzuer-kennen,* was ist, damit Heilung geschehen kann. Wenn wir etwas los-lassen wollen, müssen wir es ja zuerst an-genommen haben (man kann sich dies gegenständlich gut veranschaulichen), aber was wir verdrängen, drängt sich auf.

Jeder hat schon erfahren, daß gestörte Beziehungen zu anderen, besonders zu uns nahestehenden Menschen verbunden sein können mit Gefühlen wie Frustration, Ärger, Angst, Haß, Distanz. Gehen wir hindurch, gelangen wir zum Grund, zum Boden, so finden wir

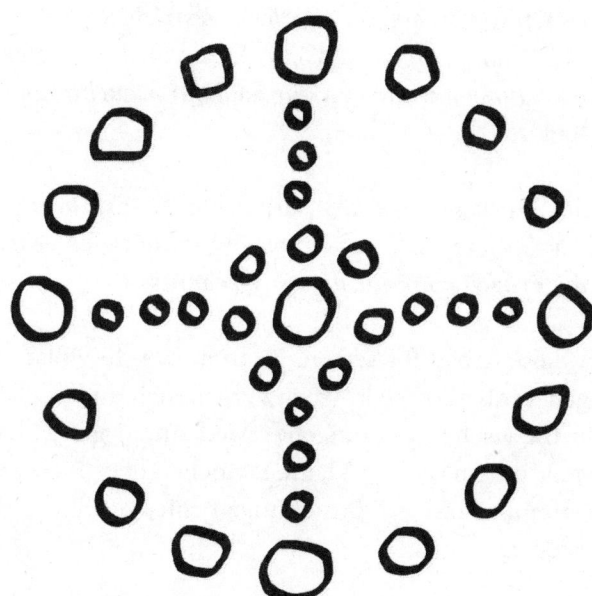

dort fast immer einen tiefen Kummer, Kummer über Trennung und Verlassensein. Wir haben ein Recht auf unseren Kummer, daher sollten wir ihn auch anerkennen. Für die nun folgende Arbeit lautet das andere Mantra: *Laß dich von deiner Seele führen.*

Du kannst dafür das vorseitig abgebildete Medizinrad benutzen oder es dir vergrößert abzeichnen.

Nimm Farbstifte und zeichne die Mitglieder deiner Familie in das Medizinrad ein, als Strichmännchen symbolisiert oder mit dem Anfangsbuchstaben ihres Namens. Auch Verstorbene, zu denen du noch Beziehung irgendeiner Art spürst, gehören dazu. Folge deinen Impulsen, wohin du sie plazierst, welche Farbe du jeweils nimmst.

Hast du dich selber mit eingezeichnet?

Verbinde nun die einzelnen Personen mit Linien, die deine Beziehungen zu ihnen ausdrücken. Du kannst z. B. eine enge Beziehung durch eine Doppellinie markieren, eine distanzierte gestrichelt darstellen, eine gespannte Beziehung durch eine Wellenlinie, eine komplizierte durch einen Knoten. Nimm dir alle Zeit, die du dafür brauchst, und gib einfach dein Bestes.

Wenn du die Arbeit beendet hast, betrachte das Ergebnis. Nimm es ganz in dich auf und lasse es wirken. Wenn du tiefer gehen willst, bearbeite die Fragen am Ende dieses Abschnitts.

Du kannst diese Arbeit fortsetzen, wann immer du willst, denn die Beziehungen verändern sich, bzw. werden sich anders darstellen. Solltest du inzwischen dein eigenes Medizinrad gelegt haben, so arbeite damit, indem du z. B. kleine Steinchen oder Figuren für die Personen nimmst und die Beziehungen mit verschiedenfarbigen Fäden darstellst.

Zur Bearbeitung:

Lege dir das Bild mit dem Beziehungsgeflecht auf dem Medizinrad
vor.

1. Gehe innerlich zunächst in deine eigene Position und fühle die
   Beziehungen zu den anderen. Notiere stichwortartig deine
   Gefühle.

2. Gibt es eine Person, mit der du eine Beziehung heilen *willst*?

   Wen?

3. Gehe jetzt in die Position der anderen Person.
   Was fühlst du hier?

   Ergeben sich neue Einsichten? Welche?

Verändert sich etwas? Verändere eventuell deine Zeichnung entsprechend.

Fahre mit dieser Arbeit so lange fort, bis du das Gefühl hast, sie sei vorläufig erst einmal abgeschlossen.

4. Laß dir danach etwas Zeit, bevor du dich anderen Tätigkeiten zuwendest.

Vergebung

Endgültige Heilung einer Beziehung tritt ein, wenn wir Menschen vergeben können, von denen wir glauben, daß sie unseren Kummer verursacht haben. Dieser Schritt steht uns frei. Wir können uns nicht zwingen, jemandem zu vergeben. Wenn uns nach wie vor Gefühle davon abhalten, so geht es zunächst wiederum um deren Anerkennung. Wir sind keine Heiligen. Was ist, ist, aber alles kann sich verändern, kann heilen.

Schließe die Augen, entspanne, finde deine Mitte – Verbinde dich mit deinem Höheren Selbst, mit deiner kosmischen Seele – Sieh jetzt dich und die Person, der du vergeben willst – Sprich zu ihr – Sage ihr alles, was du zu sagen hast, und sprich die Vergebung aus – Sende aus deinem Herzen die Liebe, die du zu geben imstande bist – Beobachte dann die Reaktion – Akzeptiere sie so, wie sie kommt – Bedanke dich bei der Person, bei deinem Höheren Selbst und beende die Meditation.

Schlußbemerkung:
Beziehungen sollten nur bearbeitet werden, wenn ein echtes Bedürfnis dazu besteht. Neugieriges Herumexperimentieren ist fehl am Platz; es lohnt nicht, schlafende Hunde zu wecken.

Arbeit mit den Schatten

Unter Schatten verstehen wir diejenigen Anteile von uns, die – meist aufgrund unserer persönlichen Geschichte – eine dunkle, destruktive Entwicklung genommen haben. Wir können sie heilen, sie erlösen und zu dem machen, was sie wirklich sind, zu unseren Qualitäten. In Umkehrung einer bekannten (Binsen-)Weisheit läßt sich sagen: *Wo viel Schatten ist, ist auch viel Licht.*

Wir müssen uns immer wieder fragen: Will ich die Lösung oder will ich das Problem? Die Antwort verlangt absolute Ehrlichkeit, denn oft haben wir den Streit, einen Sündenbock, ein Feindbild, eine Opferrolle so »liebgewonnen«, daß wir insgeheim fürchten, unser Weltbild geriete ins Wanken, wenn wir sie losließen.

Eine erste Übung ist, eine Liste deiner physischen, geistigen, emotionalen und spirituellen Schwächen und »Fehler« anzufertigen. Dann schreibe daneben die gegenteiligen, konstruktivern Qualitäten. In meinem Fall könnte das so aussehen:

Schatten	Licht
Härte	Widerstandsfähigkeit
Kopflastigkeit	Klarheit
Zynismus	Trockener Humor
Schuldgefühle	Gewissenhaftigkeit

Und das alles bin ich.

Unsere Schatten sind auch unsere Chancen, sind vergrabene Schätze, die darauf warten, gefunden zu werden. Die Essenz dessen, was mich am meisten an mir stört, kann genau das sein, was ich brauche.

Um die *Schattenarbeit mit dem Medizinrad* zu verdeutlichen, möchte ich sie ebenfalls am eigenen Beispiel illustrieren.

Viele meiner Anlagen finde ich in den Qualitäten des Nordens. Ich bin ehrgeizig und zielstrebig. Dies sind keine schlechten Eigenschaften, nur zuviel davon schafft Probleme. Ich neige dann zu Ungeduld und Rigidität mir und meinen Mitmenschen gegenüber. Mein Element ist die Erde, es verleiht mir Ruhe und Standfestigkeit. Zuviel davon macht mich manchmal unbeweglich, starr und stur.

Um mich auszubalancieren, muß ich in den Süden, muß mich verbinden mit meinem Herzen, der Liebe in mir. Ich lerne so Toleranz und Achtung, andere zu lassen, wie sie sind. Das Element Wasser hilft mir, in Bewegung zu kommen, mich dem Fluß anzuvertrauen, anstatt alles selber machen zu wollen.

Ich schreibe meine Schwächen auf oder nehme Gegenstände, die sie symbolisieren. Mit meinen Schatten bewege ich mich (im wörtlichen Sinne) vom Norden des Medizinrads in den Süden. So gut ich kann, lasse ich sie hier los, opfere sie und bitte den Geisthüter des Südens, sie anzunehmen und zu transformieren – so, wie Pflanzen unser Ausatmen in Sauerstoff transformieren.

Der andere Weg, den ich zu gehen lerne, ist der von Westen nach Osten. Wie der Leser bereits hinlänglich erfahren hat, suche und finde ich viel in der Beschäftigung mit meiner Seele, mit der Seele der Dinge. Wem nutzt dies, wenn ich mich damit begnüge, dabei stehenbleibe? Das Meditationskissen ist keine Zufluchtsstätte in die innere, heile Welt; Innenschau darf nicht Nabelschau werden.

So geht mein Pilgerpfad in den Osten. Dort kann ich das Übermaß an Introvertiertheit, das manchmal mit einer gewissen Arroganz einhergeht, hergeben. Die Heraus-Forderung ist, meine Visionen in Taten umzusetzen. Dieses Buch ist Teil davon.

Wir sind aufgefordert, an uns zu arbeiten. Daher kann es nicht darum gehen, uns vor dieser Arbeit zu drücken. Aber wenn wir unser Bestes tun, haben wir das Recht, da um Hilfe zu bitten, wo wir nicht alleine weiterkommen. Und die Hilfe kommt, wenn wir vertrauen.

Zur Bearbeitung:

1. Was willst du auf körperlicher Ebene loslassen?

2. Was willst du auf geistiger Ebene loslassen?

3. Was willst du auf emotionaler Ebene loslassen?

4. Was willst du auf seelischer Ebene loslassen?

5. Was von alledem kannst du jetzt wirklich loslassen?
   Arbeite damit.

Andere heilen

Grundsätzlich ist es auch für andere heilsam, wenn du dich selber heilst, weil alles mit allem verbunden ist. Wenn du den Wunsch hast, Heilung zu geben, so erlerne eine Methode, die dich innerlich anspricht. Es gibt glücklicherweise heutzutage ein großes und überwiegend brauchbares Angebot an Büchern und Kursen. Einen guten

Überblick über natürliche Heilweisen bietet z.B. »Aus eigener Kraft« von Paungger/Poppe (siehe Literaturverzeichnis). Du hast die für dich passende Heilweise gefunden, wenn du fühlst, daß du sie mit deiner ganzen Liebe ausüben kannst oder daß sie dir ganz einfach Spaß macht. Wahre Liebe ist zweck-los, will nichts erreichen und erwartet nichts. Sie manipuliert nicht; wir alle könn(t)en sie bedingungslos geben. Wir können uns heilen, wir können andere heilen, wir könnten die Welt heilen – mit Liebe. Wir alle sind Heiler, und Heiler werden gebraucht.

Zum Abschluß:

Die in diesem Kapitel beschriebenen Methoden sind im Kern wesensverwandt. Es ist daher in Ordnung, sie nach den eigenen Bedürfnissen zu kombinieren und zu variieren.

Manifestation:
Erschaffe dir deine Wirklichkeit

Ich warte auf das, was auf mich wartet.
Aus einem englischen Gedicht

Wenn du einen Stein ins Wasser wirfst, so eilt er auf dem schnellsten Wege zum Grunde des Wassers. So ist es, wenn Siddhartha ein Ziel, einen Vorsatz hat … er wartet, ohne etwas zu tun, … er wird gezogen, er läßt sich fallen. Sein Ziel zieht ihn an sich.

Hermann Hesse: »Siddhartha«

Du hast alles – Nimm es dir

Vermutlich hat jeder schon einmal etwas manifestiert. Wir manifestieren, wenn wir das, was schon da und in unserem Inneren bereits angelegt ist, sichtbar machen, auf die materielle Stufe stellen. Die meisten von uns tun dies allerdings eher unbewußt. Wir sprechen dann gern von »Glück« oder »Zufall«. Können wir solche Zu-Fälle schaffen?

Ja, denn wir haben im Grunde schon alles bekommen, was wir brauchen. Manches mag bereits sichtbar geworden sein, anderes noch nicht. Es geht beim Manifestieren darum, das, was wir schon haben, einzuladen und anzunehmen, so daß es eine Form *annehmen* kann.

Denken wir für einen Moment an die Kapazitäten unseres Gehirns oder auch unseres Körpers. Wieviel davon nutzen wir gewöhnlich? Wieviel Unterstützung geben wir uns selbst, um das volle Potential unserer Muskeln, unseres Intellekts auszuschöpfen?

Gar nicht zu reden von unserem unendlichen Potential an Liebe ... Und um ein Beispiel aus dem Fußball zu verwenden: Auch ein Beckenbauer wäre kein Star geworden, hätte er – bei allem Talent – nicht fleißig, oft fleißiger als andere trainiert.

Manifestation ist mehr als eine geistige Technik und fern jedes Machbarkeitswahns. Sie ist vielmehr ein tiefes Eintauchen in unsere innerste Wahrheit, das uns mit der unerschöpflichen Energie des Universums in Berührung bringt und uns so gleichermaßen Kraft und Bescheidenheit schenkt.

Der Manifestationsprozeß vollzieht sich in drei Schritten:

1. Werde dir darüber klar, was du willst.

2. Visualisiere es.

3. Lasse es los und erlaube, daß es sich manifestiert.

Nun, wenn es so einfach wäre, könnte ich das Kapitel hier schon wieder beenden. *Der Kernpunkt ist Schritt 1.*

Was will ich wirklich?

Wünsche haben Kraft, berechtigte, aber auch unselige Wünsche. Ich möchte dies an zwei Geschichten illustrieren. Wie schon einmal, könnte die eine wahr sein, die andere ist es.

Der größte Wunsch eines in den USA lebenden Mannes war, eine Million Dollar zu bekommen. Er versprach sich davon die Lösung all seiner Probleme, sein Lebensglück schlechthin. Da er mit der äußeren Technik der Manifestation vertraut war, wandte er sie an.

Er bekam seine Million – als Schmerzensgeld, nachdem ihn ein Auto überrollt hatte, was ihn für den Rest seines Lebens in den Rollstuhl zwang.

Sollte jemand nach dieser Geschichte mutmaßen, es sei unmoralisch, sich materielle Vorteile zu wünschen, so möchte ich diesen Eindruck mit der folgenden widerlegen:

Als ich mich auf die Abreise aus Findhorn vorbereitete, stellte ich fest, daß mein Gepäck einen unerwartet großen Umfang hatte. Damit schied ein Flug aus, denn Geld, um das Übergewicht zu zahlen, hatte ich nicht. Die Busse der Europa-Linie akzeptierten maximal zwei Gepäckstücke. Eine Mitfahrgelegenheit zerschlug sich. Es blieb nur eine Lösung: Ich brauchte ein Auto. Ich schickte meinen Wunsch, der ja nun sehr klar war, ab und gab mein ganzes Vertrauen hinein. Der geplante Abreisetermin rückte näher, ohne daß etwas geschah. Dann wollten zwei Freunde Findhorn verlassen, und weil dies umständehalber sehr rasch gehen mußte, entschlossen sie sich, zu fliegen und ihr Auto zurückzulassen. Nicht ganz uneigennützig bot ich an, es ihnen nachzubringen, was sie begeistert akzeptierten.

Wer mehr über wahre und falsche Wünsche lernen möchte, dem empfehle ich Wilhelm Hauffs Märchen »Das kalte Herz«.

Wenn wir erfolgreich und zu unserer vollen Zufriedenheit manifestieren wollen, müssen wir uns immer wieder fragen: Was will ich wirklich? Und: Welcher eigentliche Wunsch steht vielleicht hinter dem Wunsch-Bild? Was ist die substanzielle Qualität meines Wunsches?

Ein Beispiel: Ich wünsche mir einen Campingbus, weil ich
a) gerne herumziehe und
b) auch ein Zuhause schätze.

Dahinter stecken meine Wünsche sowohl nach Freiheit als auch nach einem warmen Nest. Es ist daher wichtig, mich klar zu entscheiden: Ist mir der Campingbus das Wichtigste oder ist es eigentlich die Lebensqualität, die ich damit verbinde? Und wenn letzteres, wie könnte ich sie noch anders erreichen? Ich bin überzeugt, wenn ich die richtige Entscheidung treffe, bekomme ich entweder den Bus, oder mein »Wunsch im Wunsch« erfüllt sich auf andere Weise.

Wie immer geht auch hier der Weg von innen nach außen. Wir müssen unseren eigenen Stein finden, bevor wir ihn ins Wasser werfen. Oder anders gesagt: Paß auf, was du dir wünschst – es könnte in Erfüllung gehen! Wenn du Tomaten ernten willst, säe Tomaten und keine Bohnen.

»… mein Herz ist rein …«

Also, was wünschst du dir wirklich, sprich: in die Wirklichkeit?

Wünsche, die aus unserem Innersten kommen, haben sehr viel Kraft, so viel, daß es kaum noch etwas zu »tun« gibt, um sie zu er-füllen. Es handelt sich um Wünsche, die sozusagen reinen Herzens sind (was auch ohne weiteres ein Wunsch nach viel Geld sein kann). Alles andere sind Wunsch-Bilder, in der Regel fremdbestimmt und vorwiegend aus Illusionen, aus der Verhaftung im Äußeren und damit verbundener Ängste (z. B. »nicht genug zu bekommen«) hervorgegangen. Auch ihnen können wir sehr wohl Kraft verleihen, aber sie haben die Tendenz, sich auf sehr merkwürdige Art mit oft unangenehmen Begleiterscheinungen zu manifestieren.

Illusion ist alles, was nicht lebt, was »keine Füße hat«. Wirklichkeit ist das, was uns dauerhaft lebendig macht. In unserer Seele finden wir unsere Wirklichkeit, und die wiederum können wir ins sichtbare Leben bringen. Dieser Weg ist sozusagen die Autobahn, gerade, schnell und mühelos. Dagegen befinden wir uns überall da, wo Schlaglöcher und Hindernisse sind, auf Um- und Abwegen. Wenn hier also davon gesprochen wird, sich Dinge »vorzustellen«, so ist damit eigentlich das gemeint, was sich von selbst zeigt. Was wir – eher mühelos – sehen können, kommt wirklich aus uns (und später zu uns). Sobald wir uns hingegen etwas – eher mühsam – vorstellen müssen, besteht wohl weniger Zusammenhang mit unserer inneren Wirklichkeit.

Wenn du deinen Wunsch eindeutig und mit einfachen Worten formulieren kannst und dabei ruhige Gewißheit und Stimmigkeit spürst, dann gehe mit. Bei jeglichen Zweifeln, gleich auf welcher Ebene, ist es angebracht, genauer hinzusehen.

Nutze Meditation. Gehe auf eine Visionswanderung und frage: »Was will ich wirklich?« Reise zu deinem Krafttier und bitte es, dir zu sagen, was du noch wissen mußt. Bringe deinen Wunsch ins Medizinrad und betrachte ihn von allen Seiten. Und vor allem …

Sprich mit deiner Seele

Für die nun folgende Meditation genügt es wiederum, sie genau durchzulesen und sie sich in ihren Grundzügen zu merken.

Finde eine Position, in der du bequem aufrecht sitzen kannst – Atme ein paarmal tief ein und entspanne dich mit dem Ausatmen – Laß dich von deinem Atem zu der Stelle in dir tragen, wo Stille und Frieden ist – Sieh dich jetzt in einer schönen Landschaft – Du schaust dich ein wenig um und erkennst dann in nicht allzu großer Entfernung ein Gebäude – es strahlt Ruhe und Kraft zugleich aus – wie ein Tempel – Du fühlst dich angezogen, gehst darauf zu und trittst ein – Du befindest dich im Tempel deiner Seele – Laß eine Weile auf dich einwirken, was du wahrnimmst und fühlst – Hier ist der Ort, an dem dein Lebensweg entsteht, der Ort deiner Liebe, deiner Wahrheit, deines höchsten Gutes – Hier lebt deine Seele – Öffne dich, stelle deine

Fragen, hier findest du Antwort – Und höre deiner Seele zu – Höre ihr zu ...

Bedanke dich nun und verlasse diesen Ort, zu dem du jederzeit zurückkehren kannst – Nimm einen tiefen Atemzug, strecke dich und öffne die Augen.

Zur Bearbeitung:

Notiere hier alles, an das du dich erinnern möchtest.

Alles hat eine Seele, alles lebt. Daher ist alles mit allem verbunden, und unsere Seele ist die Kontaktstelle zum Leben. Ich kann dies hier nicht mit Worten beweisen, aber du kannst es dir beweisen, wenn du die Erfahrung machst.

Affirmationen

Wie sich aus dem oben Gesagten ergibt, sind Affimationen eigentlich nicht nötig. Wenn wir uns die Mühe machen, still zu werden, unserer inneren Stimme zu lauschen und zu erlauben, daß die Botschaft fließen darf, affirmieren wir bereits. Denn was wir wirklich im Herzen haben, kommt auch. Eine weitverbreitete Methode, mit Affirmationen zu arbeiten, ist, sich eine Botschaft solange einzuhämmern, bis man sie »glaubt«. Es ist letztlich der Weg von außen nach innen – unnatürlich und daher problematisch. Was ich affirmieren muß, glaube ich ja nicht wirklich. Vielleicht kennst du die Karikatur mit dem Huhn, das mit geschlossenen Augen und verzücktem Lächeln auf und nieder flattert und affirmiert: »Ich bin ein Adler. Ich bin ein Adler.« …

Wirklichkeit erzeugen

Manifestieren funktioniert wie Gärtnern. Mit der Klärung unseres Manifestationszieles haben wir den Samen gelegt, ohne den nichts wachsen kann. Jetzt ist es Zeit, den Wachstumsprozeß zu fördern. Wir gießen, wir geben Wasser, geben Leben. Tatsächlich müssen wir unser Leben, unsere Lebendigkeit in den Prozeß hineingeben. Dies mag anstrengend klingen, macht aber Spaß. Ich möchte dazu auf ein Beispiel David Spanglers (siehe Literaturverzeichnis) zurückgreifen, das den Vorgang auf sehr einfache Weise verdeutlicht.

Visualisiere eine Orange, ihre Größe, ihre Farbe, den Geruch. Stelle dir vor, wie du sie schälst, dir ein Stück nimmst und in den Mund steckst. Spüre den Geschmack. Fühle, wie sich der Saft in deinem Mund verteilt und welchen Genuß es dir bereitet.

Im Geist stellen wir uns das Objekt des Wunsches oder die erwünschte Situation vor. Wie das Beispiel mit der Orange zeigt, können wir auch hier schon körperliche Erfahrungen durch unsere Sinne machen. Dies wiederum löst Gefühle in uns aus, die wir vorweg wahrnehmen können. Manifestation geschieht also auf allen Ebenen. Ingemar Stenmark, der geniale Skislalomfahrer, pflegte vor dem Start mit geschlossenen Augen den ganzen Lauf vorwegzunehmen und unterstützte dies noch mit leichten Slalombewegungen. Er gewann meistens.

Du hast deinen Wunschzettel geschrieben, jetzt ist Zeit, ihn abzuschicken. Überlasse den Rest der Weisheit des Universums, das gewöhnlich weiß, was es tut.

Schreibe dein Manifestationsprojekt im Geiste oder in der Wirklichkeit auf ein Blatt Papier. Nimm dieses Blatt, halte es in eine (Kerzen-) Flamme und verbrenne es. Du läßt damit die konkrete Form los und erlaubst ihr, sich zu transformieren und zu manifestieren – so, wie es im Sinne deines höchsten Gutes ist. Laß es los und vertraue. Schicke einen Segen dazu und gib es ans Universum, zusammen mit guten Energien, mit deiner Liebe.

Wir tun gut daran, die konkrete Ausführung einer höheren Macht zu überlassen, die mehr ist und mehr sieht als wir. Was zählt, sind unsere guten Absichten. Wir werden dann kaum erleben, daß die Manifestierung unserer Wünsche für irgend jemanden in irgendeiner Weise Schaden verursacht. Also müssen wir nicht vertrauen, wir dürfen vertrauen. Vertrauen, daß alles auf die richtige Weise und in der richtigen Zeit geschieht – oder auch gar nicht geschieht. Manches von dem, was ich so manifestiert habe, hat sich vollständig erfüllt, manches zum Teil und einiges (rückblickend sage ich: »Gott sei Dank«) überhaupt nicht.

Warum es »funktioniert«?

Wir sehen die Welt nicht, wie sie ist.
Wir sehen die Welt, wie wir sind.
Jüdisches Sprichwort

Ich weiß letzten Endes nicht, warum, aber ich weiß, daß es funktioniert. Vielleicht kommt Spangler dem nahe, wenn er sagt, daß wir der ständig und überall fließenden, »chaotischen« Lebensenergie

Richtung geben, sie quasi anziehen, wie ein Magnet Eisenspäne aus-richtet. Der Magnet ist unsere Seele, unser Wissen, was richtig ist. Auch die Wissenschaft hat »entdeckt«, daß wir Energie beeinflussen können. Ein energetisches »Etwas« kann Teilchen oder Schwingung sein, anscheinend je nach Erwartung des Betrachters.

Wir ziehen Wirklichkeit mit unserer Erwartung an, und gleich-zeitig werden wir gezogen. Die Transformation zu einer neuen Wirklichkeit vollzieht sich auf beiden Seiten. Um diese abstrakte Formulierung zu illustrieren, ein weiteres Beispiel aus dem Sport: Armin Hary, der als Erster die 100 Meter in 10,0 Sekunden lief, stellte sich von seinem Startplatz bis zum Ziel einen Tunnel vor, durch den er laufen würde. Daneben existierte nichts mehr auf der Welt. Er gab sich Richtung und tat dann sein Bestes. Ich stelle mir vor, daß »das Licht am Ende des Tunnels« ihn zog.

Alles, was wir brauchen, ist für uns auf dem Silbertablett da; wir müßten uns eigentlich nur bedienen … Es ist nichts Schlechtes daran, auch für den eigenen Vorteil oder um Hilfe zu bitten, wenn dies im Einklang mit uns und der Welt geschieht. Und wir müssen dem Universum sagen, was wir wollen und *daß* wir es wirklich wol-len, mit allen Konsequenzen. Der amerikanische Autor Napoleon Hill sagt: »In dem Moment, wo du dich selbst zu etwas verpflichtest und aufhörst, dich zurückzuhalten, werden alle möglichen unvor-hergesehenen Zufälle, Begegnungen und materielle Unterstützung kommen, um dir zu helfen. Der einfache Akt der Selbstverpflich-tung ist ein kraftvoller Magnet für Hilfe.« Ich selbst habe viel, im wahrsten Sinne wunder-bare Hilfe erhalten, seit ich mich (mir selbst gegenüber) verpflichtete, dieses Buch zu schreiben.

Verlagern wir außerdem noch die Frage »Was will ich?« in den erweiterten Rahmen des Dienens und fragen: »Was will durch mich geschehen?«, so wird unsere Vision ungleich machtvoller, weil sie sich zum Wohl des Ganzen entfalten kann.

Von all diesen Zusammenhängen wußten Schamanen seit alters her. Sie verstanden vielleicht nicht, warum es so war, aber es genügte zu wissen, daß es so war. Und in ihrer Vorstellung konnten sie auch Gründe dafür finden. Sie gaben damit Göttern und Geistern Leben und Macht. Vielleicht sind diese noch unter uns, denn die Welt ist so, wie wir sie sehen …

Vorstellungskraft ist wichtiger als Kenntnisse.
Albert Einstein

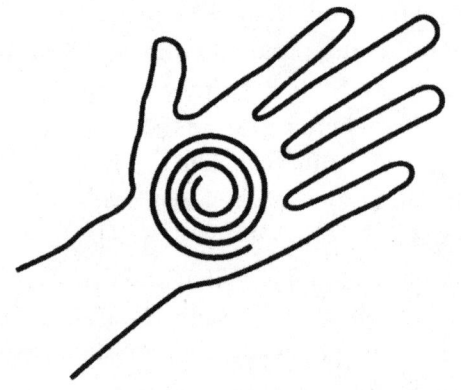

Spirituelle Ökologie

»*Wenn die Büffel alle geschlachtet sind – die wilden Pferde gezähmt – die heimlichen Winkel des Waldes, schwer vom Geruch vieler Menschen – und der Anblick reifer Hügel geschändet von redenden Drähten – wo ist das Dickicht – fort, wo der Adler – fort, und was bedeutet es, Lebewohl zu sagen dem schnellen Pony und der Jagd:*

Das Ende des Lebens – und der Beginn des Überlebens. Gott gab Euch Herrschaft über die Tiere, die Wälder und den Roten Mann, aus einem besonderen Grund – doch dieser Grund ist uns ein Rätsel. Vielleicht könnten wir es verstehen, wenn wir wüßten, wovon der weiße Mann träumt ...«

Aus der Rede des Häuptlings Seattle

Was würdest du Seattle antworten?

Das Leben auf unserer Erde ist in Gefahr, und die ökologische Krise bedroht uns Menschen. Wir alle wissen es. Viele schauen weg, viele haben schon resigniert oder erschöpfen sich in Kleinkriegen zur Schadensbegrenzung. Es ist Zeit, über bloßen Umweltschutz, über ökologisches Denken hinauszugehen und *ökologisches Fühlen* mit einzubeziehen. Es ist Zeit, Konzepte über Bord zu werfen, die wahlweise die Erde als ausgebeutetes Opfer sehen oder bedrohliche Endzeitstimmung heraufbeschwören. Wir Menschen sind schlicht »ein einfaches Mitglied eines Lebenssystems, welches dieses System bedroht« (Joana Macy). Wir stellen die höchste Entwicklungsform dar und sind gleichzeitig die abhängigsten Wesen auf diesem Planeten.

Ich möchte uns alle ermutigen, eine echte innere Partnerschaft mit den Kräften der Natur einzugehen, um mehr Gleichgewicht,

Harmonie und Heilung zu erreichen. Wenn wir uns selbst heilen, heilen wir auch die Erde und können so von Resignation zu Ausdauer für einen nachhaltigen Veränderungsprozeß finden.

Für die folgende Übung erinnere dich an die kleine Meditation zu Anfang des Kapitels über Visionssuche.

Ich bitte dich nun, die folgende Frage mit einem Wort zu beantworten und sie zusammen mit deinem Namen aufzuschreiben:

Was kann die Natur dir geben?
(z. B. Wolf – Heilung)

Beantworte nun die nächste Frage auf die gleiche Art:
Was kannst du der Natur geben?

Die schamanische Sicht

Schamanen früherer und heutiger Zeit waren und sind in der Lage, mit Steinen, Pflanzen, Tieren, den Elementen, allem Lebendigen zu kommunizieren. So konnten sie in harmonischem Gleichgewicht mit der Welt leben. Wir haben diese Verbundenheit weitgehend aufgegeben und sind dadurch nicht gerade glücklicher geworden. Die Zerstörung des Lebens auf der Erde ist Resultat dieser Trennung, die auch uns selbst von einem erfüllten Leben abtrennt.

Schamanen waren in der Lage, durch *inneres Sehen* Wild aufzuspüren. Nach der Jagd, bei der nie unnötig viele Tiere getötet wurden, bedankten sich die Jäger beim Geist der Tiere und gaben ein Opfer. Wir holen unsere Nahrung aus dem Laden als abgepackte, »hygienische« Ware. Wie wäre es, wenn wir uns die Zeit nähmen, den Tieren und Pflanzen, die wir essen, dafür zu danken, daß wir ihr Leben nehmen durften, um selbst weiterzuleben?

Alles hat eine Seele, und in sie können wir uns einstimmen, weil wir eins sind. Wir alle, du und ich und alle der derzeit annähernd sechs Milliarden Menschen auf der Erde sind letzlich hervorgegangen aus den ersten Zellen, die zu Algen wurden – zu Würmern und Schnecken – zu Fischen – zu Amphibien – zu Reptilien – zu Säugetieren – zu Menschen. Durch die erste Zelle, unseren gemeinsamen Vorfahren sind wir verwandt mit jeder Pflanze, jedem Tier, allem Leben auf der Erde.

Alles kommt aus der Natur, der hölzerne Stuhl ebenso wie der Mikrochip. Es gibt Computerspezialisten, die – etwas verschämt – zugeben, mit ihrem Gerät zu sprechen und versichern, es habe ein Eigenleben. Schamanismus ist ihnen natürlich völlig fremd.

In Findhorn bekommen die meisten Geräte Namen. Da ist z.B. »Walter«, der Geschirrspüler, eine freundliche und kooperative Seele. Obwohl es eine Heidenarbeit ist, einen Berg von bis zu hundert Tassen, Tellern usw. zu spülen, ist die Arbeit mit Walter eine der beliebtesten.

Ich glaube, daß es bei der schamanischen Arbeit in unserer Zeit vor allem darum geht, den inneren Kontakt zwischen uns Menschen und den Lebewesen unserer *Mitwelt* wiederherzustellen. Alle, die sich dieser Arbeit verpflichtet fühlen, sind aufgerufen, das große Netzwerk zu schützen, zu reparieren und zu erhalten.

Vom Überleben zum Leben

Sun Bear hat die Erde einmal mit einem Hund verglichen, auf dem Flöhe herumkrabbeln. Die Flöhe sind wir. Wenn sich der Hund kräftig schüttelt, fliegen wir davon. In der Zeit, als diese Zeilen geschrieben wurden, gingen in den Alpen furchtbare Lawinen ab, begruben Häuser und Dörfer, viele Menschen starben. Solche Katastrophen beweisen die ungebrochene Kraft der Natur, aber es hat keinen Sinn, ihr deswegen »feindliche Absichten« zu unterstellen. Die Natur schlägt nicht zurück und sie ist auch nicht armes Opfer. Sie ist, wie sie ist, man muß mit ihr rechnen. Wir sollten aufhören, unsere eigenen Befindlichkeiten auf sie zu projizieren.

Wie wäre es mit einer mehr lustvollen Naturerfahrung? Pflanzen lieben es, wenn man mit ihnen spricht, und noch mehr lieben sie Gesang und Musik. Weitgehend bekannt sind die Experimente, die belegen, wie sie auf Klänge reagieren: von der sichtbaren Abwendung bei Rock bis zur schieren »Umarmung« der Lautsprecherboxen bei Meditationsmusik.

Warum sagst du dem Baum um die Ecke nicht mal was Nettes im Vorbeigehen? Und vielleicht hat er auch dir etwas mitzuteilen. Wenn du nicht so couragiert bist wie Prinz Charles, brauchst du ja mit niemandem darüber zu reden.

Vor etlichen Jahren hatte ich eine Strecke, die ich regelmäßig für meine Waldläufe benutzte. Auf halbem Weg pflegte ich Rast bei einer hohen Kiefer zu machen. Ich lehnte mich an den Stamm und stellte über meinen Rücken Kontakt zu dem Baum her. Das war

immer sehr erholsam. Irgendwann beschloß ich, die Pause zu strei-
chen und durchzulaufen. Als ich einige Monate später wieder einmal dort haltmachte, sah ich zu meiner Bestürzung, daß der große
Baum als einziger unter all den anderen vertrocknet und krank war.
Kurze Zeit später sägten Waldarbeiter ihn um. Jemand riet mir später, am Baumstumpf ein kleines Ritual zu machen und dem Geist
des Baumes zu sagen, daß es mir leid täte.

Naturgeister – Geister der Natur

Wir können mit der Natur auf die gleiche Weise Kontakt aufneh-
men wie mit Menschen. Denke einfach daran, wie du dich jemandem gegenüber verhältst, den du kennenlernen möchtest. Bringe die
gleiche Höflichkeit, Offenheit und Aufmerksamkeit auch einem
Baum, einem Stein, einem Bachlauf entgegen. Sie werden reagieren
– auf ihre Weise, aber auch ein bißchen wie Menschen, je nach Cha-
rakter, Temperament und Stimmung. Benutze aber auch deinen
gesunden Menschenverstand: Es ist z. B. recht unergiebig, im tiefsten
Winter allzu viel Lebendigkeit und Aufgeschlossenheit von einem
Baum zu erwarten.

Was wir immer geben können, ist Liebe und Aufmerksamkeit –
und sehr viel kommt zurück.

Eine der ersten Übungen, die man uns beim Bear Tribe machen
ließ, war, einen Baum zu umarmen. Ich fand meinen Baum – oder er
fand mich –, eine jener niedrigen und kräftigen Kiefern, wie sie
überall auf dem Vision Mountain wuchsen. Nachdem ich ihn angesprochen und um Erlaubnis gebeten hatte, ließ ich mich auf
eine lange und tiefe Umarmung ein. Ich fühlte mich eins mit dem
Baum, fühlte Heilung und wie von selbst empfand ich den tiefen
Wunsch, Heilung auch zu geben. Bis dato war ich ein *ökologisch
denkender* Mensch gewesen, der Umweltschutz eher asketisch
begriff. Ich glaube, in diesem Augenblick machte ich einen Schritt

zum *ökologischen Fühlen*. Und das tat gut, mir und dem Baum. Wie zur Bestätigung unserer innigen Verbindung entdeckte ich, daß ich kaum von ihm loskam. Als ich ihm in die Arme gefallen war, hatte ich den großen Harzflecken nicht bemerkt, an den ich mich drückte und der jetzt einen deutlichen Abdruck auf meinem Hemd hinterließ. Er befand sich genau über meinem Herzen.

Geh hinaus und umarme einen Baum. Sprich mit ihm, wenn du willst, und höre zu, wenn er mit dir sprechen will. Es gibt dabei nichts zu tun, nichts zu erreichen oder zu beweisen. Laß einfach eine Begegnung zu.

Zur Bearbeitung:

1. Notiere deinen wichtigsten Eindruck.

2. Notiere deine Gefühle, besonders deine Körpergefühle.

Hattest du etwa auch sexuelle Empfindungen?

Wunderbar! Sexualität ist unsere stärkste Lebensenergie und ermöglicht uns am leichtesten, intensiven Kontakt aufzunehmen.

Mitweltübungen

Wie alle »Übungen« dieses Buches handelt es sich auch bei den folgenden um Berührung mit der Wirklichkeit des Lebens.

Stille Jagd

Finde einen Platz in der Natur, wo du dich wohl und willkommen fühlst. Setze dich hin und bewege dich so wenig wie möglich und sei so still wie möglich; drehe nicht einmal deinen Kopf. Werde Teil dieses Ortes. Gib dir Zeit – ein paar Minuten, eine Stunde oder mehr.

(Quelle: »Sacred Hoop«)

Verschmelzen

Finde ein Objekt in der Natur, das dir gefällt – einen Stein, einen Zweig, ein Blatt. Oder nimm eine Topfpflanze. Setze dich bequem aufrecht hin und betrachte dieses »Objekt«, dieses Wesen eine Weile. Betrachte es mit einem weichen Blick, schaue gleichsam hinein und hindurch, ähnlich wie beim 3D-Bild. Schließe jetzt deine Augen, stelle dir dieses Wesen vor und nimm dir ein paar Minuten Zeit, um es zu erforschen – seine Größe, seinen Geruch, sein mögliches Gewicht – Nähere dich ihm innerlich – und mit deinem inneren Spüren berühre dieses Wesen – Wie fühlt es sich an? – Jetzt gehe noch näher heran, bis du tatsächlich in dieses Wesen eintrittst und fühlst, wie du in seinem Kern mit ihm verschmilzt – Werde eins mit ihm – und erfahre das Leben, wie es das Leben erfährt – Nimm wahr, was es sieht / was du siehst, wie es fühlt / wie du fühlst – (Wie könnte der Kreislauf eines Tages, einer Jahreszeit, eines Jahres mit den Augen dieses Wesens aussehen?) – Bedanke dich und verlasse es dann bewußt und behutsam – Kehre zu dir zurück und bringe deine Aufmerksamkeit in deiner Zeit wieder zurück in deinen Alltag.

Der Medizinrat – ein Ritual

Der vietnamesische Zen-Meister Thich Nath Hanh sagt, das, was wir am nötigsten brauchen, sei, »den Ton der Erde in uns zu hören«. Es gibt auch viele Töne auf der Erde, die wir hören können, viele Lebewesen, die uns etwas zu sagen haben. Gemeinsam mit ihnen versammeln wir uns im Kreis des Lebens, im Medizinrad, um zu beraten. In dieser rituellen Zusammenkunft lassen wir andere Lebensformen durch uns sprechen.

Rituale entziehen sich weitgehend intellektueller Akzeptanz, jedoch verhelfen uns Meditation, Körperbewußtsein und tiefer Kontakt mit der Natur zu einer angemessenen Einstellung. Rituale sind nicht Ersatz für Handeln, sondern dienen uns dazu, unser Handeln in einen größeren Zusammenhang zu bringen. Wenn ich weitergehe, als lediglich für mein eigenes Wohl zu handeln, sondern auch für ein erweitertes ökologisches Selbst-Verständnis, gewinnen meine Handlungen mehr Kraft.

Lies dir den Verlauf des Rituals zunächst durch. Wenn du es durchführen willst, sorge für die notwendigen Rahmenbedingungen, die du brauchst (Material, Raum, Zeit ...). Du kannst auch dein Krafttier bitten, dich durch den Prozeß zu begleiten.

Begib dich, wiederum physisch oder in deiner Vorstellung, ins Zentrum des Medizinrads. Atme durch dein Herz. Wenn du willst, schließe die Augen.

Verbinde dich mit der Erde, dem Himmel und den vier Richtungen – Du kannst annehmen, unsichtbare Verbindungsschnüre oder auch Antennen richten sich von deinem Herzen aus in die sechs Richtungen (einschließlich oben und unten) – Lade nun je einen Vertreter des Mineralreiches, des Pflanzen- und des Tierreiches ein, in einer der vier Himmelsrichtungen Platz zu nehmen – Lade jeweils eine Gattung ein, die du liebst (Du kannst dir zur Unterstützung Bilder von ihnen besorgen oder malen) – In den vierten, noch freien Platz lade ein Wesen, gleich welcher Art, ein, das an dieser Versammlung teilnehmen möchte – Begrüße diese Wesen und danke ihnen, daß sie gekommen sind – Bitte sie, dir als Mensch aus ihrer Sicht zu sagen, wie das große Netzwerk des Lebens geschützt und erhalten werden kann – Verschmelze mit ihnen, mit einem nach dem anderen und höre ihre Botschaft – Du wirst dich darin wiedererkennen, denn sie ist für dich – Kehre jedesmal ganz zu dir zurück, bevor du dich dem nächsten Wesen zuwendest –

Wenn du danach das Bedürfnis hast, deinerseits zu ihnen zu sprechen, dann ist jetzt dafür Zeit –

Bedanke und verabschiede dich – Löse die Verbindungen eine nach der anderen, atme tief ein, nimm deinen Körper wahr und öffne langsam die Augen.

Es ist auch möglich, die vier Elemente in den Medizinrat einzuladen, um ihre Weisheit zu hören.

Zur Bearbeitung:

1. Notiere die Botschaft des Vertreters des Mineralreiches.

2. Notiere die Botschaft des Vertreters des Pflanzenreiches.

3. Notiere die Botschaft des Vertreters des Tierreiches.

4. Notiere die Botschaft des vierten Wesens.

Ich lade den Kieselstein ein als Vertreter
des Mineralreiches.

Ich lade den Löwenzahn ein als Vertreter
des Pflanzenreiches.

Ich lade den Spatz ein als Vertreter
des Tierreiches.

Für den freien Platz lade ich ein Wesen ein,
das teilnehmen möchte.
Die Sonne kommt.

Kiesel spricht aus dem Norden:
»Die Welt ist so reich. Alles ist so im Überfluß vorhanden wie meine
Gattung. Warum habt ihr Menschen immer Angst, nie genug zu
bekommen und nehmt ständig mehr als ihr braucht?«

Löwenzahn spricht aus dem Süden:
»Die Welt ist schön, wie sie ist. Braucht ihr wirklich so viele Verg-
nügungen, die euch nur davon ablenken?«

Spatz spricht aus dem Osten:
»Das Leben ist leicht. Habt ihr Angst vor dieser Leichtigkeit und
nehmt deshalb alles so schwer?«

Vater Sonne spricht aus dem Westen:
»Für euch alle ist gesorgt. Eure Sorgen sind unnötig.«

Ich bedanke mich und bitte die Wesen da um Nachsicht und Verge-
bung, wo wir Menschen aus Schwäche handeln und um ihre Unter-
stützung für alle, die guten Willen zeigen.

Spirituelle Politik

Wir werden keine nachhaltigen Verbesserungen erreichen, wenn wir nicht eine Veränderung des Bewußtseins erreichen. Es beginnt in dir und in mir – oder es beginnt überhaupt nicht. Wenn wir handeln wollen, müssen wir innerlich dazu bereit sein.

Mahathma (»Die große Seele«) Ghandi ging diesen Weg Zeit seines Lebens immer wieder aufs Neue. Er drehte das Spinnrad, Symbol des Lebenskreises und abgebildet auf der indischen Nationalflagge. Dann ging er hinaus und handelte entschlossen.

Nicht viele von uns haben das Format, die seelische Größe eines Ghandi. Aber wir können immer unser Bestes tun.

Heilung für Mensch und Erde

Als ich im Herbst 2000 erkrankte, stellte sich – nach anfänglichem Krebsverdacht – eine bakterielle Infektion heraus, vermutlich verursacht beim Baden in Münchens stark belastetem Fluß, der Isar. Ich erfuhr schließlich Heilung, der Fluß wurde weiter verunreinigt. Die Erfahrung konkreter Krebsangst war tiefgreifend, und aus dieser persönlichen Betroffenheit entstand der Wunsch, etwas zu tun, um reinigende und heilende Kräfte zu unterstützen. So kam es zu dem Entschluß, ein Medizinrad am Isarufer zu legen, um einzuladen, was zur Heilung gebraucht wurde. Zu Frühjahrsbeginn legten wir das Rad, und ich gebe zu, daß ich von da an wartete, ohne etwas Bestimmtes zu erwarten. Zufall oder nicht: Am 2. Mai 2001 beschlossen das bayerische Umweltministerium und die Bürgermeister der Isaroberlauf-Städte die Nachrüstung ihrer Kläranlagen mit sogenannten »Biofiltern«, um die Isar bis 2005 wieder zu einem »sauberen, quellfrischen Gebirgsfluß« (Zitat) zu machen. Der Beschluß kam genau 40 (10 mal 4) Tage nach der Zeremonie zustande und soll – von 2001 gerechnet – in 4 Jahren durchgeführt sein. Die Zahl 4 gilt in der indianischen Mythologie als die heilige Zahl (vergleiche auch das Kapitel zum Medizinrad).

Mit Sun Bear würde ich sagen: »Ich weiß nicht, wie es funktioniert, aber es funktioniert.« Soweit ich es verstehe, beinhaltet spirituell-politische Arbeit u. a. folgendes:

Unser Herz muß berührt sein. Wir können kaum Gutes bewirken, wenn wir aus einem rein intellektuellen Verständnis handeln, das bemüht ist, die Dinge nach den eigenen Vorstellungen zu richten.

Wir müssen offen sein für das, was kommt. Wir bitten um das, was gebraucht wird, auch wenn wir nicht wissen, was es ist. Das bedeutet, einen zeremoniellen Rahmen zu schaffen und dann als Person zurückzutreten, um höhere Kräfte wirken zu lassen.

Es geht nicht darum, irgend etwas zu bekämpfen, sondern darum, positive Tendenzen zu unterstützen, die allen Prozessen innewohnen, auch wenn wir sie nicht wahrnehmen.

Es ist gut und heilsam für uns Menschen, wenigstens gelegentlich unser sonst liebevoll gehegtes Ego zurückzustellen und den Lauf der Dinge an etwas Höheres abzugeben. Die meisten Menschen nehmen diese Gelegenheit so dankbar an, als hätten sie nur darauf gewartet. Was wir dann oft erleben dürfen, hat große Kraft. Und doch möchte ich unterstreichen, daß es weder Garantien gibt noch »Beweise« für das, was wir möglicherweise bewirken. Auch den abschließenden Bericht möge daher jeder für sich selbst beurteilen.

Beim Medizinradtreffen im Juli 2001 stand der Weltklimagipfel in Bonn bevor. Selbst Aussichten auf das Minimalziel, eine verbindliche Beschlußfassung zum Kyoto-Protokoll wurden allgemein sehr skeptisch beurteilt, da die teilnehmenden Nationen fast heillos verstrickt waren in zuwiderlaufende Wirtschafts- und Machtinteressen. Wir stellten uns und die Angelegenheit ins Medizinrad und luden die Kräfte ein. Genau acht Tage später und in letzter Minute erreichte die Konferenz den entscheidenden Durchbruch zur Einigung.

Eigene Zeremonien

Zeremonie ist Geben. Die Form des Gebens ist nicht das Wichtigste. Wichtig ist, daß unser Geben aufrichtig ist. Letztlich zählt, ob wir uns geben, wie wir sind.

Wir leben von der Erde und nehmen ständig. Nehmen und Geben müssen im Gleichgewicht sein. Zeremonie trägt zum Gleichgewicht im Kreis des Lebens bei, unterstützt damit die Verbindung vom Geist in uns mit dem Geist um uns. Das ist es, was wir spüren, wenn Rituale und Zeremonien uns in den tiefsten Tiefen unseres Bewußtseins berühren.

Zeremonie ist tiefes Einssein mit uns und dem Leben. Ist das nicht, was wir wollen? Warum kann nicht das ganze Leben Zeremonie sein?

Eine einfache Zeremonie
Nimm nicht mehr als du brauchst.
Wenn du etwas nimmst, gib auch etwas.

Einfach und Lebensaufgabe.

Wer nur einige der in diesem Buch beschriebenen Praktiken durchgeführt hat, ist vermutlich mit zeremonieller Kraft in Berührung gekommen. Ich selbst weiß um die unterstützende Kraft kleiner Alltagszeremonien und ich weiß, wie schnell man sie in Krisenzeiten vergessen kann, gerade dann, wenn man sie am meisten bräuchte.

Geben ist Danken. Wir bekommen so viel, jeden Tag. Jeden Tag Gelegenheit zu danken, gerade für »Selbstverständliches«, dem

Wasser, das immer aus dem Hahn fließt, der Sonne, die jeden Morgen aufgeht, der frischen Luft, den Erfahrungen, die wir machen dürfen, für alles, was uns freut, für alles, was wir er-leben. Wir danken, wenn wir all dem einen Gedanken widmen. Jeder Dank stärkt den Lebenskreis.

Visualisiere ein Medizinrad mit dir im Zentrum. Laß es sich ausdehnen in alle Richtungen, bis es deine Wohnung ausfüllt, das Haus, das Viertel, die Region, das Land, den Kontinent, alle Kontinente und Ozeane, die Erde. Ich danke dir dafür.

Die Zehn Indianischen Gebote

1. Behandle die Erde und alle, die auf ihr leben, mit Respekt.

2. Suche die Nähe zum Großen Geist.

3. Zeige großen Respekt für deine Mitmenschen.

4. Arbeitet zusammen zum Wohl der ganzen Menschheit.

5. Gib Unterstützung und Freundlichkeit,
   wo immer sie gebraucht werden.

6. Tue das, wovon du weißt, daß es richtig ist.

7. Achte auf das Wohlergehen von Geist und Körper.

8. Widme einen Teil deiner Energie dem Wohl des Ganzen.

9. Sei zu allen Zeiten wahrhaftig und ehrlich.

10. Übernimm volle Verantwortung für deine Handlungen.

Literatur zur Anregung und Vertiefung

Arrien, Angeles: *Der vierfache Weg*, Bauer

Coellho, Paolo: *Der Alchimist*, Diogenes

Dahlke, Rüdiger: *Mandalas der Welt*, Heyne

Doore, Gary (Hrsg.): *Shaman's Path*, Shambala

Findhorn:

    Caddy, Eileen: *Herzenstüren öffnen*, Greuthof

    Caddy, Eileen: *Flug in die Freiheit*, Greuthof

    Hawken, Paul: *Der Zauber von Findhorn*, Rowohlt

    Riddell, Carol: *Die Findhorngemeinschaft*, Greuthof

Fischer. Theo: *Wu Wei*, Rowohlt

Foster, Stephen und Little, Meredith: *Vision Quest*, Aurum

Goldsmith, Manulani, Christoph: *Das EI des Boomerang*, Libri

Harner, Michael: *Der Weg des Schamanen*, Rowohlt

Hellinger, Bert und ten Hövel, Gabriele: *Anerkennen, was ist*, Kösel

Hauff, Wilhelm: *Das kalte Herz*, Reclam

Moorey, Teresa: *Shamanism – a beginner's guide*, Hodder and Stoughton

Paungger, Johanna und Poppe, Thomas: *Aus eigener Kraft*, Goldmann

Pelletier, Wilfried, und Poole, Ted: *Frei wie ein Baum*, Diederichs

Roth, Gabrielle: *Das befreite Herz*, Heyne

Rutherford, Leo: *Schamanismus*, Goldmann

Seattle: *Wir sind ein Teil der Erde*, Walter

Spangler, David: *Everyday Miracles*, Bantam Books

Stevens, Jose und Lena: *Zur Quelle der Kraft*, Bauer

Storm, Hyemeyohsts: *Sieben Pfeile*, Heyne

Sun Bear: *Das Medizinrad*, Goldmann

Sun Bear: *Das Medizinrad-Praxisbuch*, Goldmann

Sun Bear: *Der Pfad der Kraft*, Goldmann

Uccusic, Paul: *Der Schamane in uns*, Goldmann

Adressen

Bärenstamm e.V.
Schönhagener Ring 8, 32699 Extertal
Visionssuche, Schwitzhüttenzeremonien, Schamanische Gruppen, Medizinradtreffen, Magazin: RAUCHZEICHEN

Dachverband Geistiges Heilen e.V.
Steigerweg 55, 69115 Heidelberg

Findhorn Foundation
Cluny Hill College, Forres IV 36 2RD, Schottland

Wolf Ondruschka
Adresse über den Verlag.
Medizinrad, Medicine Walk, Schamanische Reise: Beratung, Vorträge und Workshops.

Zehn Prozent meiner Einnahmen aus dem Buch oder den Veranstaltungen gehen an indianische Hilfsprojekte bzw. an Projekte zur Erhaltung und zum Ausbau der natürlichen Grundlagen unserer Erde.

Notizen

Notizen

Notizen

Notizen

Notizen

Notizen

Notizen

Menschen und Bäume zusammenbringen

Die »**Freunde der Bäume**« möchten solche Plätze von Besinnung, Frieden und gegenseitiger Freundschaft in der Natur zu schaffen:

- friedvolle und ruhige Plätze, wo Sie sich wohlfühlen und mit sich und Ihrem Umfeld ins Reine kommen.

- Plätze, die uns etwas über wahre Ökologie lehren und wo wir Kraft finden, die wir der Natur **zurückgeben** können auf unsere eigene Weise.

- Orte für praktischen Umweltschutz.

- Plätze, wo wir Inspiration, Entspannung und Heilung finden können. Orte, die uns den Zugang zu etwas Größerem eröffnen mögen.

»**Freunde der Bäume**« wurde im Mai 2002 als gemeinnütziger Verein gegründet, das englische Pendant »**Friends of the Trees**« im März 2003. Am Steytrisch im Elsaß entsteht die erste Baumpflanzung mit drei Bereichen:

DER HAIN DER HEILUNG mit Vertretern aller heimischen Baumarten.
DER HAIN DER STILLE als Ort der Besinnung.
DER HAIN DER SCHREINE, ein Baumkreis, der die Verbundenheit aller Religionen mit dem Baum dokumentieren soll.

Der englische Verein sucht einen alten Wald in Britannien und setzt sich für den Schutz der alten Eiben ein.

Mehr Informationen:
www.freunde-der-baeume.de
www.FriendsOfTheTrees.org.uk

Freunde der Bäume

Freunde der Bäume e.V. · Cecilienstr. 29 · D-66111 Saarbrücken
Tel: 0681 938 7077 · Fax: 0681 390 4102 · *info@freunde-der-bäume.de*

Ein Buch über Bäume, wie es noch keines gab

Im vorchristlichen Europa wie in allen anderen Teilen der Welt wurde die ganze Erde als ein atmendes Wesen gesehen, erfüllt von sichtbaren und unsichtbaren Lebensformen. Bäume waren in dieser heiligen Landschaft hochangesehene Pforten der Einweihung. Die Kraft und Energie heiliger Haine und einzelstehender alter Bäume half den Kelten, Germanen, Römern und Griechen, aber auch schon den Menschen der Bronzezeit und der Jüngeren Steinzeit, die Grenzen ihres Bewußtseins zu erweitern und Kontakt mit dem Unsichtbaren aufzunehmen.

»Geist der Bäume« beschreibt die uralte tiefe Freundschaft zwischen Mensch und Baum. Es führt uns in das Innere der Körper der Bäume, erklärt die elektromagnetischen Kraftfelder und wie Bäume mit Hilfe von Licht kommunizieren. Und es führt uns zum Geist der Bäume, der in jeder Baumart eine andere Ausprägung annimmt. Wege werden beschrieben, auf denen der heutige Mensch sich wieder einstimmen kann, um in einen bewußten und liebevollen Austausch mit lebendigen Bäumen zu treten.

Fred Hageneder
Der Geist der Bäume
Eine ganzheitliche Sicht des Wesens der Bäume
Paperback mit Fadenheftung,
416 Seiten, 17 x 24 cm, reich illustriert,
viele Farbabbildungen
ISBN 978-3-89060-472-5

Die gezeichnete und erzählte Geschichte einer keltischen Einweihung

Cerric mab Kardac, der junge keltische Held, wird von den Römern gefangengenommen und erst nach Jahren der Versklavung kommt er wieder in seine Heimat. Doch sein Stamm ist wie vom Erdboden verschluckt, und eine lange Suche beginnt ... Sieben Wurzeln muß er finden, sieben Einweihungsstufen durchlaufen, bis er durch den Kreis der Hohen Steine in die Harmonie des Alls eintreten kann.

Fred Hageneder
Die Sieben Wurzeln
96 Seiten, kartoniert, reich illustriert
ISBN 978-3-89060-121-2

Tiefenökologie: Die Feier des Lebens gemeinsam mit allen Wesen
Das Vermächtnis einer Frau, die der Stimme der Erde lauscht und sie für uns
alle hörbar macht. Tiefenökologie geht über das vom begrenzten rationalen
Denken Erfaßbare hinaus und hinein in die mystische, magische und exi-
stenzielle Wirklichkeit unseres Seins. Wir sind ein Teil dieser Erde, liebevoll
aufgehoben und geborgen, und Angst hat keine Berechtigung mehr. Denn
wir sind Teil des immerfort fließenden Stromes von Seinsform zu Seinsform.

In diesem ersten Band befaßt sich Dolores LaChapelle damit, wie Sprache
unsere Wirklichkeit formt und unsere Wahrnehmung einengt; wie die Land-
wirtschaft unser Verhältnis zur wilden Kraft der Natur beeinflußt und ein-
gegrenzt hat; wie Sucht, Kapitalismus und die Ausbeutung der Dritten Welt
zusammenhängen. Dann kommt sie zu unseren Wurzeln in den »Alten Wei-
sen«: Wo wurzelt die menschliche Natur? Wie steht es um die Verwandt-
schaft zwischen Tier und Mensch? Wo liegen die Wurzeln unseres Bewußtseins? Was können wir von den »primitiven« Kulturen lernen? Schließlich
führt sie uns zum Taoismus und zum »Sehen« der Natur.

Dolores La Chapelle
Heilige Erde - Heiliger Sex
Jeder Band Pb., über 320 S., 14 x 21 cm
Band 1: ISBN 978-3-89060-018-5
Band 2: ISBN 978-3-89060-019-2
Band 3: ISBN 978-3-89060-020-8
3 Bände komplett, 1092 Seiten
ISBN 978-3-89060-024-7

Ein Quantensprung in unserer Beziehung zur Natur
Die Zeit ist reif, unser Verständnis von Ökologie entscheidend zu vertiefen..
Dieses Buch hilft uns, die Scheuklappen abzulegen und neue Horizonte zu
entdecken.

Dolores LaChapelle
Weisheit der Erde
Das Grundwerk der Tiefenökologie
Pb., 400 Seiten mit 27 Fotos.
ISBN 978-3-89060-409-1

Nachdem die Vorstellung, daß in der Natur unsichtbare Intelligenzen am Wirken sind, nicht mehr ganz so absonderlich erscheint, wie noch vor Jahren, ist jetzt die Zeit gekommen für dieses Buch, in dem uns einer vom elbischen Volk der Lepracháns erzählt, wie wichtig die Zusammenarbeit der Menschen mit den Naturgeistern ist. Leicht lesbar und auf unterhaltsame Weise bringt uns die Autorin Tanis Helliwell die Welt der Elfen, Devas und Elementale näher – und selbst Skeptiker werden ihr Vergnügen haben und ins Nachdenken kommen.

Tanis Helliwell
Elfensommer
Meine Begegnung mit den Naturgeistern
Ein Tatsachenbericht
Paperback, 224 Seiten
ISBN 978-3-89060-318-6

Feng-Shui ist in aller Munde, aber die wenigsten wissen, daß Feng-Shui nur ein Aspekt der traditionellen Wissenschaft der Geomantie ist.

Um Geomantie zu verstehen, muß man sich auf das Unsichtbare einlassen, eine ganzheitliche Wahrnehmung entwickeln. Die Autorin öffnet in diesem Buch den Blick auf überzeugende Weise. Zuerst erklärt sie die Grundlagen der Geomantie, die auf einem traditionellen Wissenschaftsbild beruhen. Ohne ein Verständnis dieser Grundlagen – alles ist Schwingung, die Erde ist ein Lebewesen, es gibt unsichtbare feinstoffliche Dimensionen – ist Geomantie nicht möglich, bedeutet doch schon das Wort: »die Erde erspüren«.

Petra Gehringer
GEOMANTIE
Wege zur Ganzheit von Mensch und Erde
Überarbeitete Neuauflage, 416 Seiten, viele teils farbige Abb., kartoniert
ISBN 978-3-89060-469-5

Broschüre
Geomantie & Tiefenökologie
Das neue Erdbewußtsein«
48 Seiten
ISBN 978-3-89060-485-4

Runen wurden in den alten Zeiten von den Völkern Nordeuropas für Inschriften verwendet, aber auch für Orakel und Magie. Neben dem skandinavischen und dem isländischen Runengedicht, die wesentlich jüngeren Datums sind, gibt es das »Altenglische Runengedicht«, und diese Quelle ist eine der wenigen, die uns etwas über die Bedeutung der Runen sagen.

Diese Quelle ist es auch, die diesem Buch zugrunde liegt. Die bildhaften Runenverse bilden den Ausgangspunkt für acht Orakelspiele, die in ihrer Vielschichtigkeit und Aussagekraft zunehmen. Auch jene, die bisher noch keinen Zugang zu den Runen gefunden haben, werden hier lernen, die Runen als Hilfsmittel zu nutzen, um die Schicksalsfäden klarer zu erkennen und so die eigene Zukunft zu gestalten.

Marijane Osborn & Stella Longland
Rune Games – Macht und Geheimnis der Runen
256 Seiten, Paperback
ISBN 978-3-89060-402-2

Endlich gibt es sie, auf die viele seit Jahren warten: Runenorakel-»Steine« aus echtem Holz mit Gravur. Dazu ein kleines Buch, das ohne viel Ballast einen schnellen Einstieg in die Kunst des Runenwerfens vermittelt. Was bisher fehlte, waren »Steine«, die handlich sind und aus natürlichem Material, angenehm anzufassen und mit fertiger Gravur. Hier sind sie endlich! 25 etwa daumenkuppengroße, mandelförmige Holzscheiben, die sich zum Werfen und Ziehen eignen.

Dazu gibt im Buch eine Anleitung für das Werfen oder Ziehen des Orakels und die Deutungen der einzelnen Runen, die eine Auslegung des Orakels ermöglichen. – Buch und Runen werden zusammen mit einem Beutel im Schuber geliefert.

Heike Schmidt
Das Runen-Orakelset
Buch: Pb., 120 Seiten, 14 x 21 cm
+ 25 Runen aus Holz und Baumwollbeutel im Papp-Schuber
ISBN 978-3-89060-419-0

Zoltán Szabó ist einer der wenigen heutigen Runenforscher, die das Wissen um Ursprung und Sinn der Runen wirklich vorangebracht haben. BUCH DER RUNEN ist ein maßgebliches Buch, das die Runen in einen Sinnzusammenhang stellt und so verborgene Bedeutungen ans Licht bringt. Ein Muß für alle an dem Thema Interessierten.

Zoltán Szabó
Buch der Runen
Götter, Lebensbaum und Runenkosmos
Gebunden, 256 Seiten, 13 x 21 cm
ISBN 978-3-89060-035-2

Der Name, den wir tragen, ist kein zufälliges Anhängsel, sondern Ausdruck unserer Persönlichkeit. Auf dieser Grundlage führen Zoltán und Ingrid Szabó uns zu einer Namensdeutung, die nicht auf der üblichen Umwandlung von Buchstaben in Zahlen beruht, sondern die Initialen in Runen umwandelt. Alsdann wird aus dem Sinngehalt der Runen die Kombination der Initialen gedeutet – mit erstaunlicher Treffsicherheit und Aussagekraft.

Zoltán Szabó, Ingrid Szabó
Geheimnis der Namen
Runenkombinationen für Namensdeutung und Orakel
Paperback, 224 S., 14 x 21 cm
ISBN 978-3-89060-033-8

Seit Jahrhunderten fasziniert die Arthus-Sage die Menschen immer wieder aufs neue, zuletzt erst wieder in der Version von Marion Zimmer Bradley: »Die Nebel von Avalon«. Die Anziehungskraft dieses Mythos beruht auf seinen zeitlosen und machtvollen Seelenbildern – die hier verknüpft werden mit dem uralten Weisheitssystem des Tarot und Kartenbildern von großer Schönheit und Tiefe.

Anna-Marie Ferguson
Der Avalon Tarot
Arthus und das mythische Land der Seele
Pb., 256 S., 78 Karten, Legeplan.
ISBN 978-3-89060-415-2

Bücher von NEUE ERDE im Buchhandel

Im deutschen Buchhandel gibt es mancherorts Lieferschwierigkeiten bei den Büchern von NEUE ERDE. Dann wird Ihnen gesagt, dieses oder jenes Buch sei vergriffen. Oft ist das gar nicht der Fall, sondern in der Buchhandlung wird nur im Katalog des Großhändlers nachgeschaut. Der führt aber allenfalls 50% aller lieferbaren Bücher. Deshalb: Lassen Sie immer im VLB (Verzeichnis lieferbarer Bücher) nachsehen, im Internet unter **www.buchhandel.de**

   Alle lieferbaren Titel des Verlags sind für den Buchhandel verfügbar.

Sie finden unsere Bücher in Ihrer Buchhandlung oder im Internet unter **www.neueerde.de**

   Bücher suchen unter: **www.buchhandel.de**. (Hier finden Sie alle lieferbaren Bücher und eine Bestellmöglichkeit über eine Buchhandlung Ihrer Wahl.)

Bitte fordern Sie unser Gesamtverzeichnis an unter

NEUE ERDE GmbH
Cecilienstr. 29 · D-66111 Saarbrücken
Fax: 0681 390 41 02 · info@neue-erde.de